# 潜在価値マーケティング

平野淳
Kiyoshi Hirano

幻冬舎 MC

# 潜在価値マーケティング

平野 淳

はじめに

# なぜデジタルマーケティングで満足な成果が得られないのか

広告やマーケティングの世界はインターネットの登場によって大きく様変わりした。かつてはマスメディアによるマーケティングが主流であったが、今ではインターネット中心の施策へ移行している。

実際、インターネット広告費は1兆5000億円（「2017年日本の広告費」電通調査）を超え、テレビメディア広告費に迫る時代となった。

また、スマートフォンが普及し、消費者、ユーザーの生活行動が変化したことに呼応して、多くの企業でデジタルマーケティングのためのさまざまなツールも取り入れられるようになった。だが、その成果に企業たちが満足できているかというと疑問が残る。

なぜならデジタルの黎明期とは違って、インターネット広告の新手法やデジタルマーケティングの最新ツールを導入しても、それだけでアドバンテージが得られる時代は終わったからだ。

私たちが2018年3月に日本マーケティング協会と協力して行った、デジタルマーケティングセミナーでのアンケート結果でもリアルな声が浮かび上がった。参加したのは日本を代表する優良企業が多く、各社ともデジタルマーケティングに積極的に取り組んでいるものの、やはり「多少の成果は出ているが、満足なものではない」という回答が最も多かったのである。

いったいなぜ、最新手法や最新ツールを取り入れているのに、その成果を十分に享受できないのだろうか。

## コミュニケーションの本質を探索する時代へ

デジタルマーケティングを取り巻く課題を探る前に衝撃的なことをお伝えしなければならない。

今後もＡＩ（人工知能）などを活用したデジタルマーケティングの進化はさらにスピードを増していくが、それらをキャッチアップし続けても、デジタルマーケティング投資に見合った成果を享受するのは難しいということだ。

そもそもデジタルに限らずアナログの時代からマーケティングコミュニケーションの本質は変わっていない。「なにを」「どういう手段で」伝えるかという原点に立ち返れば、いくら手段を新しくしても、肝心の「なにを」がズレると、消費者、ユーザーとのコミュニケーションがうまくいくはずはないのである。これはＢtoＣでもＢtoＢでも同じだ。

まずは、この最初のボタンの掛け違いに気づかなければならない。

ここ十数年、マーケティングの世界では新しいツール（手段）に目を奪われ「なにを」が相対的に軽んじられてきた。だが、もはやインターネットもスマホなどのデバイスも当たり前になり、その目新しさは失われ、消費者やユーザーを惹きつけるものでもなくなった。

つまりツール活用以前に本当の意味で消費者、ユーザーの興味関心を惹起し、態度変容させるマーケティングコミュニケーション上の有益な表現開発が求められているのだ。

しかも、その表現開発は従来型の４マス媒体（テレビ・新聞・ラジオ・雑誌）中心の時代とは異なってくる。テレビの15秒スポットのような少ない情報量でいかに目立つかというものではなく、多様化した情報チャネルの中で消費者やユーザーと深くコミュニケーションできる表現開発が必要になってくるのである。

デジタルマーケティング時代になったことで、マーケティング施策の高速PDCAが回せるようにはなった。だが、そこで明らかになったのは、すでに顕在化している価値（価格優位性や新機能、バリエーション性など）をコミュニケーションの中心に据えても、それほど効果はないということ。つまり手詰まりなのである。

既存の価値では消費者、ユーザーの態度変容は起きない。だからこそ、今までにないもの、埋もれてしまっているもの、見過ごされているものを探索しなければならない。そこで根本的な問題解決の鍵となるのが、本書で取り上げる『潜在価値開発®』である。

消費者、ユーザーのみならず価値提供する側の企業も気づいていない「潜在価値」を認識して掘り起こし、最適な表現開発をすることでしか、デジタルマーケティングの見えない壁を越えることはできないのだ。

## これからのビジネスの根本となる「潜在価値マーケティング」

このようにマーケティングを取り巻く状況が大きく変容しているにもかかわらず、相変わらず従来型のマスマーケティング時代の考え方、発想から脱却できていない企業、広告代理店は少なくない。

ＳＮＳを使ったバズマーケティングといった手法も一見新しいように思えるが、広く拡散させて自然な歩留まりに任せるしかない点でマスマーケティング発想と根本は変わらないものだ。しかも自分たちの魅力や優位性を伝えているつもりでも、ほとんどが発信側の一方的な思い込みから抜け出ていない。

現在、私は「本当に世の中の役に立つ新しいビジネス理論やモデル」を提供できるチームとして株式会社ビモクリを立ち上げ、さまざまな顧客企業のコンサルティングに携わっているが、その現場でもマーケティングギャップには想像以上のものがある。

社員の声、顧客、ユーザーの声を深く綿密に拾っていくと、企業側の認識と顧客、ユーザーの認識に鮮明な断層が現れ、愕然とすることが多々あるのだ。

自分たちは特に価値があると思わないこと、当たり前すぎて改めて訴求するほどでもないと「思い込んでいる」あるいは「気にも留めていない」ものに、むしろ顧客やユーザーが魅力を感じ態度変容にもつながる本当のお宝（差別的優位性）があることを発見し、企業は衝撃を受けるのである。

こうした事態が起こるのは人間の本性のためであり、誰が悪いのでもない。人は他人のことは客観的に見られても、自分を客観的に見るのは難しいものだからだ。

企業も人の集団で動き、形づくられている以上、人間と同じ現象が生じる。真面目な努力を長年続けている企業ほど、自分たちのやっていることは当たり前で大したことではないと思いがちだ。

つぎつぎとイノベーションを起こし、新商品や新たなサービスを展開している企業でも、顧客やユーザーは「新商品、新サービス」に魅力を感じていると思い込み、実は創業理念や経営者の哲学に共感してくれていることに気づかなかったりする。

いずれの場合でも、本来、きちんと表現開発して伝えるべきことをマーケティングの中に組み込まず、ズレたところでマーケティング施策を行っても一時的な効果しか生まれないため投資効果は限られる。

人口減少時代の今、マーケティングが担うべきは、一時的に動員した顧客がしだいに離れていくのを指をくわえて見ていることではなく、自分たちの「潜在価値」を認識して表現開発し、他には目もくれずに自社のファンとなってくれる本当のヘビーユーザーを獲得することだろう。

## マーケティングサイエンスの先を開発

私が従来型のマスマーケティングに疑問を抱き、マーケティング革新の必要性を感じたのは前職のヤクルト時代のことだ。

私は1981年に株式会社ヤクルト本社に入社以来、一貫してマーケティング・広告畑を歩んできた。1991年には缶コーヒーのブランド担当として、「とんねるず」を起用したCMによって1年で売上げを倍増させ、以降、マーケターとして、トクホ健康茶「蕃爽麗茶」の圧倒的トップシェア獲得や「ヤクルト黒酢ドリンク」の黒酢市場トップシェア獲得、10本パック導入というインストアマーチャンダイジング的手法によって一時大きく低迷したヤクルトブランドを復活させるといった成果を上げてきた。

このようにマスマーケティング的な手法で成果を上げてきたわけであるが、その手法を突き詰めれば突き詰めるほど逆に限界を感じるようになったのである。

マスマーケティング的手法の限界についてはこの後詳細に述べるが、そうした中で私が自ら構築したのが、潜在価値を再認識し、顧客に伝える「潜在価値マーケティング」である。

２０１０年には広告部長に就任し、「ジョア」のブランド広告で飲料部門ＣＭ好感度１位を獲得した。これらの実績も、偶然そうなったのではなく、「潜在価値開発」によるきちんとした〝計算〟によって、なるべくしてなったものである。

そもそもヤクルト本社時代の１９８９年、マーケティング部の創設に伴い、当時最先端であったＭＩＴ流のマーケティングサイエンス理論を学んでベースにしたのだが、理論の限界も感じざるを得なかった。

なぜならデータサイエンスは事後の結果に関しては多方面から細密に分析できるが、そうした結果の前提となった〝仮説〟に関しては、結局、人の経験や勘から導き出すという域を出なかったからである。

マーケティングにおいて仮説こそ重要なのはいうまでもない。これを伝えたらユーザーの意識がこう変化し、行動がこう変わる。その仮説形成を正しくロジカルに行うために構築したのが「潜在価値開発」である。前述したヤクルト時代の仕事においてその革新的な効果を実感し、行き詰まり状態にある世の中のビジネスを激変させるため新たな会社を立ち上げたのだ。

「潜在価値開発」の理論では、企業自身も認識していなかったその企業独自の「価値」を引き出し、表現開発して伝えることで顧客、ユーザーの心を動かし、行動までも変えることができる。競争優位性をめぐって競合としのぎを削る必要もなく、「潜在価値」がもたらす「差別的優位性」「唯一性」によって圧倒的に勝つことができるのである。

私は現在、この「潜在価値開発」をデジタル化したインターネットプラットフォームである「潜在価値マーケティングプラットフォーム」を開発。これによりマーケティング戦略の立案から実行までを一気通貫でサポートできるようになり、顧客をより確実に成功に導いている。

# 「潜在価値マーケティング」で「罠」から抜け出す

本書を手に取っていただいた方々の中には、企業のマーケティング担当者、ブランドマネージャー、広告宣伝担当者、ユーザーコミュニケーション担当者、あるいはコンサルティングで顧客の事業にマーケティング上の問題解決を必要としている方なども多いと思われる。

そうした方々に、一言でいうならば企業が陥りがちな「思い込みの罠」から抜け出し、「潜在価値マーケティング」によって差別的優位性を手にするまでの理論と具体的ステップをお伝えするのが本書の目的だ。

デジタルマーケティングを導入しているが、成果に満足していないという人、マーケティングの次の展開に思い悩んでいる人、デジタルとリアルの融合のヒントが欲しいという人にも本書は役立つことだろう。

従来のやり方では、企業側からの目線で顧客ベネフィットではない「商品やサービスの機能」を語ったり、いかにも顧客やユーザーのことは分かっていますという「それらしい表現」でバランスよく自社のことを伝えるマーケティングをしてきたが、その成果には満足できていないというケースも多い。

あるいは広告代理店やコンサルファームなどのプロに任せきりで自分たちは管理しかしておらず、本当に効果のあるマーケティングを求められても、なにが問題でなにをどうすればいいのか分からないという声も聞く。その場合でも、本書でなにをすればいいのかをつかんでいただけるようにしたい。

なにより、デジタルマーケティングやマーケティングオートメーションといった新しいフレームとさまざまな指標に追い立てられ、肝心の「自分たちの本当の強み＝潜在価値」を見つけられずに日々の業務に疲弊している人の味方になれるはずだ。

人間も企業も自らの本質的魅力に「無自覚」であることは、人生を生きる上でも企業活動を行う上でも足をすくわれる「罠」となる。まずは見えない「罠」とは何かを自覚し、「潜在価値マーケティング」によって「罠」から抜け出し、ビジネスを成功に導いていくことが肝要だ。

そのための強力なエンジンに本書がなれれば、それに勝る喜びはない。

## 目次

## 第2章　9割の企業が見落としているマーケティングの死角

## 第3章　見えないものを見る——企業自身も気づいていない自社の魅力を訴求する「潜在価値マーケティング」とは

第4章

## 企業の「潜在価値」を開発し、ユーザーに分かりやすく伝える7ステップ



第5章

## 「潜在価値」でユーザーを惹きつけ、優良顧客にするマーケティングプロセス

第１章

# マスマーケティング、<br>消費者インサイト論……<br>既存のあらゆる理論をしのぐ、<br>新マーケティング理論の登場

## 「潜在価値マーケティング」が乗り越えようとするもの

どれほど優れた理論であっても、理論だけではビジネスは絵に描いた餅に終わりかねず、トレンドをつかんだビジネスモデルがあっても理論の裏付けがなければうまくいかない。本来、ビジネスはその両輪が機能して初めて成果が出るものだが、ことマーケティングの世界においては長い間、どちらか一方が先行しどちらか一方が追いつかない状況が続いていたのである。

そうした現状を打破すべく、私は、自身の会社のミッションを次のように掲げた。

ビジネスの新しい理論やモデルを創出することで、ビジネスの世界を革新する――。

新しいビジネス理論とは、「潜在価値開発」理論であり、新しいマーケティングモデルとは「潜在価値マーケティングプラットフォーム」である。

「はじめに」でも述べたように、私は長いマーケティングの経験の中で、その時々のマーケティング原理（根本理論）を寄りどころにしてきたが、数々の実践過程の中でそれらの限界を感じたのも事実である。

ビジネスの世界では、優れた理論や手法として注目を集めたマーケティング原理も数多くあったが、それらを最大限活用したとしても〝乗り越えられない壁〟があったのである。

その壁を乗り越え、時代を超えるマーケティング原理を構築することが必要であると強い思いを持つに至ったことが「潜在価値開発」理論構築の動機となっている。

また、世の中に流布しているさまざまなビジネス理論はほぼ欧米発のものであり、日本人が開発した理論はほとんど見られない。それも大変残念なことに思っていた。

高品質なモノやサービスを生み出す日本のビジネス、多様な地域性を持つマーケットと世界でも先端を行くモバイルエコノミー。そうした日本の特性も敷衍しつつ、時代の変化にも左右されず業種業態問わず適用できる日本発の独自のビジネス理論を創りたいと思ったことも、もう一つの動機となっている。

それらを単なるノウハウ集としてではなく、体系的かつ実践的な理論化を図ったのが本書である。

従って、本書のベースとなる「潜在価値開発」理論は、30数年に及ぶ私のマーケティング実体験をベースに創り上げたものであり、欧米で開発された理論をそのまま持ってきたり、他者の事例から成功ノウハウを抽出してまとめたりしたものではない。

さらには、私が5年前に創業した、ビジネスモデルをクリエイトするマーケティング会社において、クライアントとのさまざまな実践により、進化し確立され、血肉化したものであることを最初にお伝えしておきたい。

では「潜在価値開発」をバックグラウンドとする「潜在価値マーケティング」が乗り越えようとしたものはなにかというと、従来型でなおかつ今日まで主流とされてきたマーケティング原理や手法である。

具体的には主に次のようなものである。

- 競争戦略理論（マイケル・ポーターによる、コストリーダシップ戦略・差別化戦略・集中戦略により競争優位性を獲得する戦略）
- マスマーケティング（STP＝セグメンテーション、ターゲティング、ポジショニング）理論

### ・消費者インサイト論（消費者の意識構造を探るもの）

これらのマーケティング原理は部分的には個別最適となるものもあったが、マーケティング全般において問題を解決し成果に導いてくれるもの、つまり全体最適とはならなかった。まさに「帯に短し襷に長し」だったのである。

また、従来型マーケティング原理は、最先端をいくデジタルマーケティングとの整合性や最適化が取れないことも課題となっている。それらを踏まえ、今後さらに進展するであろうデジタルマーケティング時代に顕在化してくる問題の解決も図るのが「潜在価値マーケティング」の狙いであり使命だと考えている。

こうしたバックグラウンドを踏まえたとき、本来であればマーケティングの歴史的な順序で語るべきであろうとも思うが、まずは皆さんの興味関心が高く最近の話題であるデジタルマーケティングから取り上げていくことにしたい。

## デジタルマーケティングを超えて

２０１８年3月に日本マーケティング協会において、「潜在価値開発」セミナーを実施した折、「あなたの会社のデジタルマーケティングの現状はどうですか?」とアンケートを行ったところ次のような回答が集まった。

①まったく実施していない　3・8%
②実施しているが、まだ始めたところである　19・2%
③実施しているが、まったく成果が出ていない　3・8%
④実施して、多少の成果が出ているが、十分ではない　59・6%
⑤実施して、成果も出ている　11・5%
⑥実施して以前は成果が出ていたが、最近成果が出なくなった　1・9%

セミナーに参加されたのは、いずれも日本を代表する大企業でありマーケティングに優れているといわれている企業も多かったが、約90％の企業が「まだまだこれから」と感じていたわけである。

では、今後これらの企業がデジタルマーケティングをさらに追究し、ツールを使いこなし、最適化が図れていけば成果が上がってくるのであろうか。

デジタルマーケティング先進国アメリカのニューヨークタイムズ紙は２０１４年10月30日号で、最近の過剰なセグメンテーションとクリエイティブの不足がもたらす問題を次のように指摘している。

《本格的なビッグデータ時代を迎え、一部の企業は、自らが推し進めた高度な技術的進展に首を絞められる状況になっている。単純な話だが、データとアナリスティックスによって極めて精度の高いターゲティングが可能になっているものの、それに対応した効果的なメッセージを生み出すことができていない》The New York Times 2014.10.30

デジタルマーケティングが最も進んでいるアメリカで、このような事態が生じているということは、日本においてもデジタルマーケティングがさらに進展すると同じような問題がより顕在化してくるのは容易に想像できる。

ニューヨークタイムズ紙の論を待つまでもなく**「効果的なメッセージをいかに生み出すか」**という点に私の問題意識も集中している。

いずれ顕在化してくるこの問題をいかに解決するか。それに対する私の回答が、「潜在価値開発」なのである。

ここで誤解のないよう付け加えておきたいが、デジタルマーケティングそのものに問題があるわけでも、その有用性に疑念を抱いているわけでもない。デジタルマーケティングの仕組み、ツールは極めて優れたものが多い。

「潜在価値マーケティング」のオペレーションにおいてもその考え方は変わらない。ただ、ツールの進化に対して肝心の「なにを」の部分、つまりデジタルマーケティング上のさまざまなタッチポイントで伝えるべき効果的メッセージが開発されていないのだ。

デジタルマーケティングによって、従来のマーケティングツールではできなかったことができるようになってきたのは紛れもない事実なのである。

【図１】顧客化ステップに対応したデジタルマーケティング概要

| 顧客化ステップ | 概要 | |
|---|---|---|
| **①対象顧客** | ペルソナ設計 | ・リサーチ |
| | **カスタマージャーニー設計** | **・DMP（行動）** |
| **②アプローチ可能顧客** | 自社リスト | **・オウンドメディア** |
| | 他社リスト | ・流通データ |
| | | **・オーディエンスデータ** |
| **③アプローチ顧客** | 表現コンテンツ開発<br>×<br>メディア設計 | ・表現コンテンツ化 |
| | | ・ペイドメディア<br>**・アーンドメディア**<br>**・オウンドメディア** |
| **④反応顧客** | サイト訪問<br>⇨サンプル・資料請求 | **・オウンドメディア** |
| | | **・リターゲティング（MA）** |
| **⑤試用購入顧客** | 試用評価・情報提供 | **・オウンドメディア（MA）** |
| **⑥購入顧客** | 継続購入促進（CRM）情報提供 | |
| **⑦継続顧客** | 深い関係づくり、コミュニティ化 | |

顧客化ステップに対応して、デジタルでなければ到底行えない、さまざまな仕組みやメディア構築が可能になっている（図1太字部分）。

そもそもマーケティングコミュニケーションとは

①誰に　　　　　対象顧客　　　　オーディエンスデータ
②なにを　　　　表現コンテンツ
③どういう手段　伝達ツール　　　デジタルマーケティングツール

で行うかということであり、デジタルマーケティングの時代になり、①の対象顧客の特定、③の伝達ツールの活用は、極端に言えば何でもできるようになったと言える。

このデジタル伝達ツール活用だけにここ数年は注目が集まり、結果、②の表現コンテンツについては、デジタルマーケティング以前と変わらず、クリエイター任せの属人的なやり方でクリエイティブという名のもとにブラックボックス化している点は変わっていない。

ここに理論的かつ体系的で実践的な理論と方法を持ち込んだものが、「潜在価値開発」をもとにした「潜在価値マーケティング」という試みなのである。

デジタルマーケティングは、まだまだ発展途上という見方もある。だがデジタルツールの扱いに習熟すればするほど、実はコンテンツの問題がより重要にならざるを得ない。ツールの進化と使い手のマーケターの習熟によって高速ＰＤＣＡを回せるようになればなるほど「ネタが尽きる」状況に陥るからだ。

重ねて述べるが、デジタルマーケティングが進展し、「誰に」「どういう手段で」ということが適切にできるようになればなるほど、**マスマーケティング時代よりも潜在価値開発によって生まれる表現コンテンツは生きてくるのである。**

## マスマーケティングへのアンチテーゼ

もともと「潜在価値開発」は伝統的なマスマーケティングへのアンチテーゼとして発想された。

デジタルな世の中になったことで従来型のマスマーケティングが効かなくなったと思われがちだが、そうではない。デジタルマーケティングが今のように発達する以前から、従来のマスマーケティングの発想では、「効果的なメッセージ」は生み出せなくなっていた。

20世紀の人口増加時代、情報発信が主要4マス媒体（テレビ・新聞・ラジオ・雑誌）によって大企業に独占され、販売チャネルがスーパー・CVS・量販店など限定されていたシンプルな時代なら、キャッチコピーが効いた目立つ15秒スポットCMをつくり、大量投入すれば、モノは売れていた。

広告代理店のメディアバイイングを核としたマスマーケティング構造がまさにものを言っていたのである。

しかし、21世紀の人口減少時代に入り、インターネットの発達によって、情報チャネルは多様化するとともに、消費者自らが情報発信できる消費者主導時代になり、20世紀のマスマーケティングモデルは機能しにくくなっている。

もちろん、まだマスマーケティングが適したカテゴリーも残ってはいるが、それとて先に述べたように部分最適であって、トータルでは20世紀型伝統的マスマーケティングは形骸化しているとみるのが妥当だろう。

最近、日本を代表するマスマーケティングの優良企業から要望があり、「潜在価値開発」セミナーを行なったが、セミナーの内容は参加者に衝撃を持って受け止められているのが分かった。

この企業はマスマーケティングを徹底的に突き詰めて成長してきたため、むしろその限界を強く感じたのである。機能性中心の研究開発と訴求に限界を感じ、手詰まりになっている。だからこそ「潜在価値開発」の理論に対する理解が非常に早く、しかも深かったのである。

私は、前職のヤクルトで広告、マーケティング全般に携わっていた10数年前からマスマーケティングと真逆の発想を持っていた。

マスマーケティングの発想は、大多数に広く目立つように告知して最後にどれだけ歩留まりするかというトライアルユーザーづくりの発想である。これは人口が増加し、新規顧客がどんどん現れてくる時代には有効に機能したが、21世紀の人口減少時代に入り、新規顧客の発生が減少する時代には機能しなくなる。

デジタルマーケティングによってリピートユーザーづくりはある程度行えるようになっ

たが、大本の発想がマスマーケティング時代のモデルであるため、結局、ザルからこぼれたユーザーにはリーチできていない。

では、どうすればいいのか。そこで私はマスマーケティングとは真逆に、顧客と深いコミュニケーションを行って初めからヘビーユーザーをつくり、それを核として広げて積み上げていくという考えに立ったのである。

実際20：80の法則のように、20％の顧客で80％の売り上げをつくるといわれるものが、さらに突っ込んだ分析をしてみると、５％の顧客で50％の売上、もっといえば１％の顧客で20％の売上げをつくっていることが分かった。

トップ１％の顧客（ヘビーユーザー）は普通の顧客よりも20倍の購買力を持っているということである。

これはヤクルト時代、ある店舗におけるメイン商品の顧客構造を分析したときも同様な結果だった。その店舗には該当商品の顧客が約３００人いて、それを購入金額順に並べてみると、トップ顧客のその店における購入金額はなんと９％の構成比を占めていた。つまり０．３％の顧客で売上の９％ということであり、30倍の購買力ということである。

つまりヘビーユーザーをつくることがいかに大事かということだ。

ただ、少し補足するとこの法則は誰でもいつでもどこでも安価に買えるという状況の商品ならほぼ当てはまるが、購入頻度の低い商品や高価格商品ではユーザーの自然な購入が制限を受けるために少し比率は変わってくる。しかしヘビーユーザーの重要性ということにはなんら変わりはない。

伝統的マスマーケティングの発想からすると、最初から顧客と深いコミュニケーションを取って核となるヘビーユーザーをつくるのは、時間も労力もかかりすぎるのではないかと見る向きもあろう。

だが、結果的には最初から核をつくるほうが、遅いように見えて速いのである。ざっくりとした網を大きくかけて掬い取ってもザルはザルである。どれだけその回数を積み重ねてもザルからこぼれ落ちるものは拾いようがない。

だからこそ**初めからヘビーユーザーをつくりにいくというアプローチ**が最善なのだ。コミュニケーションの内容とコミュニケーション方法の両面においてである。

コミュニケーション内容においては、後の章で詳しく述べるが、商品の機能や特徴だけをキャッチコピーで伝えるというものではない。

最初から核をつくるために「顧客の意思決定過程」に合わせて顧客の問題の重要性・解決手段としてのカテゴリーの優位性・コーポレートの優位性を、プロダクトの優位性と併せてストーリー化して伝えるとともに、この豊富な情報を深く伝える独自の方法を開発したのである。

また、デジタルマーケティングによって消費者、ユーザーのカスタマージャーニーが注目されるようになったが、カスタマージャーニーはあくまで「行動過程」であって消費者、ユーザーの「心理」ではない。

デジタルマーケティングで消費者、ユーザーのタッチポイントに最適化されたメッセージ表現を届けることは可能だが、そのユーザーの心理・マインドの自社に対する態度が変わらなければ効果が出たとは言えない。そのためには顧客を態度変容させる情報が何かわかっていなければならない。

つまり、「潜在価値開発」は、あくまで心理・マインドもロイヤルなヘビーユーザーを最初からつくるための情報開発であり、情報伝達なのである。

実際にリアルな市場で実験してみると、それは顧客とのコミュニケーションにおいて劇的な効果をもたらした。ライトなユーザーを、まさに「一瞬にして」ヘビーユーザーならしめたのである。

しかしこの方法は、とくにコミュニケーション方法において手間がかかる方法であり、リアルな営業・販売組織（例えば筆者の前職ヤクルトのような）を持っている企業でないと実施が難しいものであった。

私の会社独自のリアルネットワーク網によってコミュニケーションを可能にする仕組みをつくろうとも試みたが、これも膨大な手間・時間・コストがかかるということで断念せざるを得なかった。

そこで、これをネット上でできないかと2016年から実験を試み、独自のマーケティングプラットフォームをつくり上げることができた。潜在価値開発のデジタル化に成功したのである。

## 競争戦略と消費者インサイト論を超えて

人口減少時代に入り、顧客が減っていく中で競争はより厳しくなり、各企業は競争戦略をより強化している。だが「競争戦略」に未来はない。

提供機能やサービスの微細な差を強調するか、低価格化するといった競争はすべての企業が体力を奪われる消耗戦になっている。「潜在価値開発」はそのような消耗戦から脱出する方法である。

「潜在価値開発」は、自社の唯一性の追求（潜在化していた企業価値）と顧客の気づいていなかった問題（潜在化していた顧客の問題）に焦点を当てているのが大きな特徴となっている。さらに、今までなかった戦略領域である「新しい定義や基準」をつくるというものである。

商品やサービスの機能、価格、実績などは競合相手も市場も分かっている問題である。そうした「顕在的な価値」を競い合うのでは競争からいつまでも抜け出せない。そうではなく、**それぞれの企業の独自性・唯一性を活かすと同時に、新たな価値＝潜在価値を創り**

**出すというまったく次元の異なることを行うのが「潜在価値開発」だ。**

詳細は3章で述べるが、潜在価値をもたらす唯一性の要素としては、創業者・歴史・哲学・独自発想・社風などがあり、それは決して真似しようがない唯一性であるとともに絶対的優位性の源泉である。

競争を超越したところにある「唯一性」は、なぜか多くの場合、誰にも気づかれずに眠っているものが多い。そこを探り出すのが「潜在価値開発」である。いうならば、真のブルーオーシャン戦略なのである。

また、デジタルマーケティングが進展すればするほど、さらに伝達ツールとしての使いこなしに習熟するほど「効果的なコンテンツ開発」が求められるが、その時に注目が集まるのが「消費者インサイト」ということになるだろう。

消費者インサイトとは、消費者の意識構造ということになるが、もっと直接的に言えば、商品・サービスの評価構造ということである。そこを探り出すことがコンテンツ開発につながるというわけである。

消費者の意識構造は、消費者の購買履歴やネット上の行動（サイト訪問・検索など）のように目に見えるものではなく、何でもできると思われているデジタルマーケティングであっても見えないものである。

もちろん、ある程度の行動から類推できないわけではないが、基本的には消費者リサーチなどによる直接質問によってしか把握しようがない。

では、リサーチ等によってこの消費者インサイトが分かれば、効果的なコンテンツ開発はできるのか。もちろん消費者の行動データだけのものより、意識構造から見えてくるものは有効であろう。

しかし、私はそれだけでは有効なコンテンツ開発ができないと考えている。

なぜなら、**「消費者の意識構造・評価構造とは極めて曖昧なもので、簡単に変化する」**からである。

ヘビーユーザーの行動をしていると目される消費者であっても、その意識構造は非常に曖昧で脆弱であるというのが率直な感想だ。

従って、曖昧なものをいくら掘り下げていっても行き着く先には限界がある。意識構造が分かったとして、その構造に対応するというやり方でコンテンツ開発したのではうまくいかない。

マーケティング戦略の実践家として、リサーチを通じて長く消費者と向き合ってきた私にはそのことが身に染みて分かっている。そして、「潜在価値開発」理論を開発して10年、この理論と方法で消費者の反応を見ているとよりその確信が強くなっている。

消費者インサイトを把握して、それに合わせるというのは、この曖昧模糊とした脆弱な消費者の意識構造をベースにするということである。もしそれによって一時期成果を上げられても、消費者意識は簡単に変化するものであるから、効果はすぐ低減してしまう。

多くの消費者インサイト論をベースにしたマーケティングコミュニケーションが「まったく効果がないわけではないが、満足ではない」結果に終わるのはそうしたことが要因している。

そこから抜け出すために必要なアプローチは**「曖昧模糊とした消費者の意識構造を、確固としたものに置き換え、ヘビーユーザーの意識構造にする」**ということである。

つまり顧客の意識構造について「イメージレベルを確信レベルに高める」ことが潜在価値開発の狙い、目的なのである。

そんなことが本当にできるのかと疑問に思われるかもしれない。しかし現実に、「潜在価値開発」の実践の中で可能であることが実証されている。

「この商品が企業理念を真の意味で表現した素晴らしい商品であると思いました」
「無添加にこだわるには大変な努力と研究が必要かと思いますが、そのおかげでこれからも安心して飲むことができると思いました」

これは、ある企業で潜在価値開発をしてつくりあげたコミュニケーションステートメントを伝えたユーザーのフリーコメント例である。商品の機能と企業理念や発想が関連付けられて理解されている。このような感想がマスマーケティングでコミュニケーションした対象者から発せられることがあるだろうか。

問題の重要性やカテゴリーの重要性、コーポレートの信頼性やプロダクトの優位性などを、一貫した構造化されたストーリーで伝えているからできることなのである。このフリーコメントが潜在価値マーケティングと従来のマーケティングとの違いを明確に証拠づけている。

消費者の意識が確固たるものになれば、その消費者はその商品・サービスのヘビーユーザー、優良顧客となる。どれだけ競合が新たな競争戦略を仕掛けてきても、消費者意識が確固たるものになったヘビーユーザーは見向きもしない。マーケティング上、これほど有利なものはないのである。

だがマスマーケティングをベースとしたマーケティングをしていると顧客の意識構造はいつまでも曖昧なままである。そのためユーザーリサーチをしても曖昧な顧客の意識構造を知るだけで終わり、顧客とはそんなものと勝手に思ってしまう。

しかし、「潜在価値開発」を行って顧客をヘビーユーザーにできる情報を開発し、現実に顧客コミュニケーションによって顧客の意識が劇的に変化する場面を間近に目にしているものからすれば、それは違うと自信を持って言える。

私自身も前職のヤクルトにおいてマスマーケティング発想と手法では、顧客の意識構造が曖昧ということは分かっていても、どうすればいいのか打つ手を考えあぐねていた。

当時、顧客の意識調査をするとヘビーユーザーでも「乳酸菌とビフィズス菌が乳酸菌飲料にもヨーグルトにも入っている」と認識されていた。そのためビフィズス菌の商品は差別化がされず、印象が弱いものになってしまっていたのである。

ちなみに「乳酸菌」と「ビフィズス菌」はそれぞれ別物であり、「乳酸菌」は小腸内で働く善玉菌であり、「ビフィズス菌」は大腸内にもっとも多く存在する善玉菌である。どうしたら、その状況を解決し、顧客の意識構造を確固たるものにできるのか。「潜在価値開発」によるアプローチを行う以前は、そのための方向性も具体的方法も分からなかった。そこを「潜在価値開発」は明確な方向性と方法を提示してくれたのである。

## 消費者意識構造のゴール

「潜在価値開発」のゴールは、消費者、ユーザーとのコミュニケーションによってヘビーユーザーとなる意識構造をつくることである。ヘビーユーザーの意識構造とは次の４つの意識階層において、以下のものを認識していることである。

第１階層　問題認識　問題の重要性の認識　需要創造戦略
第２階層　カテゴリー選択　カテゴリーの優位性の認識　カテゴリーマネジメント戦略

第3階層　コーポレート選択　提供企業の信頼性の認識　コーポレートブランド戦略
第4階層　プロダクト選択　商品サービスの優位性の認識　プロダクトブランド戦略

従って、それぞれの階層に対する情報提供が必要となる。

第1階層問題認識に対しては「需要創造戦略」、第2階層カテゴリー選択には「カテゴリーマネジメント戦略」、第3階層コーポレート選択には「コーポレートブランド戦略」、そして第4階層プロダクト選択には「プロダクトブランド戦略」ということになる。ただし、従来はそれらの戦略を個別にバラバラに行っているケースが多く、それでは顧客の意識構造を動かすことは難しい。

ヘビーユーザー化するには第1階層から第4階層までの戦略を同時に行うことが肝要となる。「潜在価値開発」をベースにした「潜在価値マーケティング」は、最初から第1階層から第4階層の戦略によって顧客に起こしたい変化、つまり「問題意識の向上」「カテゴリー優位性の向上」「コーポレート信頼性の向上」「ブランド優位性の向上」を同時に生じさせる狙いがある。

そうでないとヘビーユーザーの強固な意識構造はつくれない。「潜在価値開発」を行うことで前述したユーザーのフリーコメント「この商品が企業理念を真の意味で表現した素晴らしい商品であると思いました」のように商品と理念を結びつけることができるのである。

過日、あるマーケターから、第1階層や第2階層へのアプローチは業界のトップ企業ならまだしもナンバー2以下の企業には難しいのではないかという質問をされた。

私は次のように答えた。

「確かに従来のマスマーケティングの発想では難しいように見えるかもしれません。大規模な広告やPRが必要だと思いがちだからです。しかし、今は方法があります。情報を構造化して一人にすべてを伝えさえすればいいのです。一人ずつへビーユーザーの意識構造に変えていくのです。ヤクルトのようにそれを実現できる企業もあります。

リアルに伝えることが難しくてもデジタルマーケティングの時代なら同じことが可能です。デジタルの本質は個別対応できること。つまり『一対一の対話』ができるということです。今の時代は、例えトップ企業のように大がかりな広告・PRができない企業でも第1階層の需要創造や第2階層のカテゴリーマネジメントができる時代なのです」

【図2】マスマーケティング・デジタルマーケティング・
潜在価値マーケティングにおける
表現コンテンツと伝達ツールの違い

| | マスマーケティング ➡ | デジタルマーケティング ➡ | 潜在価値開発 |
|---|---|---|---|
| 表現コンテンツ | • トライアルユーザーづくり | • トライアル・リピートユーザーづくり | **• ヘビーユーザーづくり** |
| | • プロダクトの優位性の向上 | • プロダクトの優位性の向上 | プロダクトの優位性の向上<br>＋<br>**• 問題の顕在化。重要度の向上**<br>**• カテゴリーの優位性の向上**<br>**• コーポレートの信頼性の向上** |
| | • キャッチコピー | • 行動過程（カスタマージャーニー）に応じた表現づくり | **• 消費者の「意思決定過程」に基づいたストーリー化** |
| | • クリエイター（属人的） | • クリエイター（属人的） | **• 体系的な理論・方法** |
| 伝達ツール | • TVスポット中心 | • IT広告、SNS、メール | **• 「潜在価値マーケティングプラットフォーム」** |
| | • 不特定多数 | • 顧客別 | |
| | • 少ない情報伝達量<br>• 特定時期 | • 多くの情報伝達<br>• 即時・随時 | |
| | | • 高速PDCA | |

また、「潜在価値開発」セミナーに参加された方が、この話を聞いて、「情報を広報や広告などいろいろな場面で発信しているのですが、バラバラで顧客の意識の中でつながらないのですよ。これ（潜在価値開発）なら顧客の意識の中ですべての情報がつながりますね」

と感想を述べられたが、まさにそういうことなのである。

## 行動ヘビー・マインドライトの法則

実際、私もさまざまな商品や企業のリサーチをしているが、ヘビーユーザーと言えどもこの4階層（問題認識、カテゴリー選択、コーポレート選択、プロダクト選択）の認識は曖昧なのである。

私は、こうした現状を**「行動ヘビー・マインドライトの法則」**と呼んでいる。行動はヘビーユーザーに見えるが、マインド、意識構造がライトで、ロイヤルティが低いヘビーユーザーが多いのである。

前職のヤクルトでも、一見するとヘビーユーザーに思われる顧客も、突っ込んだリサーチをすると意識構造は非常にライトであることが分かり愕然とさせられた。

そのため仮に1年間の顧客の継続率が75％だとすると、25％は離脱することになる。ヤクルトのように顧客との直接コミュニケーション、直接販売の接点を持っていても、毎年新たに25％の新規顧客を獲得しなければならないわけだ。

これは真のヘビーユーザーがまだまだ少ないことを意味している。一対一の直接的コミュニケーションをしているヤクルトですらそうだったのである。20世紀型マスマーケティング発想と行動が染みついてしまっている企業では、なおさらである。

そのため相変わらず新規顧客獲得のために競争戦略を練り、消費者インサイトを探っているが、真のヘビーユーザーをつくるには至っていない。

企業が、このユーザーは購入頻度や購入単価が高いので安心と思っていても実際には簡単に流出してしまうことが多い。競合への流出ならまだいいほうだが、カテゴリーから流出してしまうことも多いのである。

従って、顧客の中に確固たるヘビーユーザーの意識構造をつくる必要がある。

具体的には「問題意識の向上」「カテゴリー優位性の向上」「コーポレート信頼性の向上」

「ブランド優位性の向上」につながる4階層に応じた「情報開発」を行い、それらを消費者、ユーザーに提示して、ヤクルトの場合であれば「ヤクルトってそんなにすごいんですね」と態度変容を起させるのである。

くり返しになるが、そうした反応を見せた顧客は、それまで「ヘビーユーザー」とされてきた人たちである。なのに、そのように「新鮮な驚き」でもって態度変容するのは、いかにマインドがライトであったかということの証左である。

その結果、ヤクルトでは年間継続率が20%以上もアップし、購入単価も上がった。このようにヘビーユーザーのゴールを最初からつくり、そのための「情報開発」を行っていくのが「潜在価値開発」なのである。

## デジタルマーケティングの本質

デジタルマーケティングの本質とはなんであろうか。さまざまなツールが開発され、それらに目を奪われ、本質が忘れられがちであるが **「デジタルマーケティングの本質は一対**

**一の対話」**なのである。

デジタルマーケティングは個別対応が可能であるから、一対一ということは読者の皆さんも理解してもらえると思うが、「対話」というものがピンとこないかもしれない。しかし、この対話というところにデジタルマーケティング成功の重要ポイントがある。

対話の前提として、何度も述べているように顧客の心を動かす表現コンテンツが必要なことは言うまでもない。しかし、どんな内容であっても、ただ伝えるという一方通行のコミュニケーションでは顧客が受け身となり、深く伝えることはできないものである。従って一方通行にならない双方向のコミュニケーションが必要となる。

顧客側から関与してもらうことが肝要なのだ。つまりリアルで行われる一対一の対話とまったく構造は同じなのである。デジタルマーケティングは、もはやこうした次元に来ているということだ。

# ＡＩ時代のマーケティング

デジタルマーケティングを進展させる要因としてＡＩ（人工知能）が挙げられる。

２０１８年４月に開催された「ＡＩ・人口知能ＥＸＰＯ」にも足を運んだが、これまで訪れたイベントの中でも圧倒的に盛況で、多くの人であふれかえっていた。まさに時代の最大のトピック、人々の関心事なのだということが伝わってきた。

ＡＩ（人工知能）によってビジネスが大きく変わることに対し、人々が期待と不安を感じているのがよく分かる。現実的には、どちらかというと不安のほうが多いかもしれない。華やかなイベントの中にも、今後をどう考えていいのか分からないという不安があふれている感じであった。

では、マーケティングの領域ではどのような変化、影響があるのか。

すでにＭＡ（マーケティングオートメーション）といわれるものはＡＩ化しており、よりデジタルマーケティングのＡＩ化は進展していき、前に述べたように、

【図3】ＡＩが担うマーケティング領域
(図は働きごこち研究所「人工知能時代の働き方」を参考に作成)

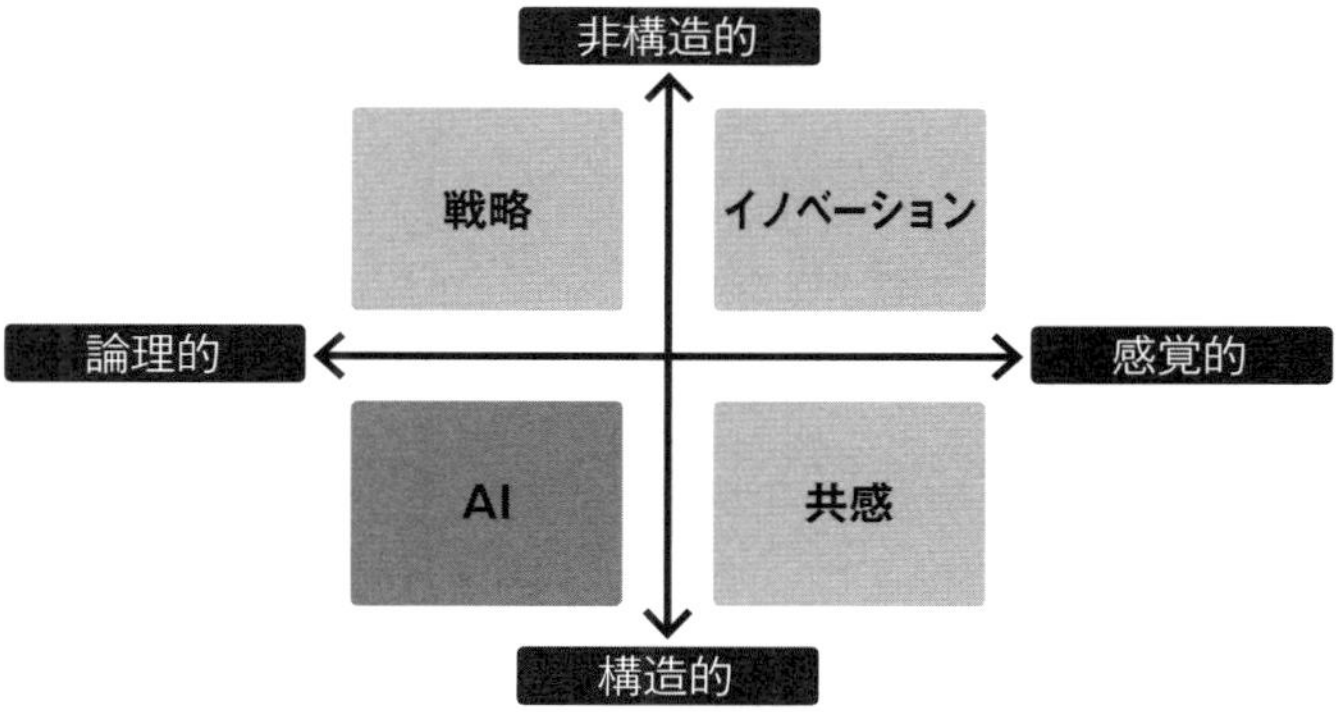


①誰に
②なにを
③どういう手段で

伝えるかということにおいて、①誰に③どういう手段という二つについてはＡＩ化で何でもできるようになると考えていいだろう。そしてＡＩ化が進展した後に残るものは、②の表現開発である。

ＡＩができるものは図に示した「構造的」かつ「論理的」なものしかない。人間しかできないものは、「非構造的」なもの、「感覚的」なものである。つまり「戦略」「共感（コミュニケーション）」「イノベーション」である。

これまで述べてきたように、

①競争戦略はこれからの時代では単なる消耗戦である。
②人口減少時代に入りマスマーケティングの発想が通じなくなっている
③消費者インサイト論では限界がある
④デジタルマーケティングの今後の課題は表現コンテンツ開発である

ということが明らかになってきたのである。

これらを踏まえ、「非構造的」で「感覚的」な領域を扱うマーケティング戦略、マーケティングイノベーション、共感マーケティングをすべて含んだ「潜在価値開発」が、ＡＩ時代だからこそ重要になってくるわけである。

## 「潜在価値開発」とはなにか

ここまで「潜在価値開発」が従来型マーケティング原理を乗り越える目的、意義を明らかにしながら、そのゴールイメージをお伝えしてきた。

では実際の「潜在価値開発」は、どのような中身で構成されているのか。「潜在価値開発」は次の８メソッドに理論化・体系化されている。

「潜在価値開発」の8メソッド

①俯瞰のメソッド　ビジネス成功の12条件
②死角のメソッド　どんな企業も陥りがちな12の罠
③創造のメソッド　唯一性の創造メソッド
④戦略のメソッド　戦略フレームと戦略決定
⑤階層のメソッド　顧客の意思決定の４階層
⑥開発のメソッド　情報開発の7ステップ
⑦探索のメソッド　無意識を意識化するリサーチノウハウ
⑧創客のメソッド　優良顧客づくりの方法（顧客の12分類）

**ひと言でいうならば「無意識の意識化」**であり、これが私の頭の中にしかない属人的なものでは、今後この考え方を企業として組織的に活用していくことは難しく、世の中に広めていくことはできないと思い、理論化したものである。

従って、理論の根本の部分や実際の実施ステップなどを明確にして、できるだけ多くの方が取り組めるような形に落とし込んでいる。

**「潜在価値開発」は、ビジネスにおけるさまざまな「無意識の意識化」を可能にするものであり、それによって「企業の潜在価値」「顧客の潜在問題」を発見するものだ。**

「はじめに」で申し上げたように、人が自分の真の強みや魅力を客観視するのが難しいように、人の集団である企業も自分たちのことが分かっているようで分かっていない。従って、企業の価値は「潜在化」するものである。

さらには顧客自身も、すでに述べたように自分の「意識構造」が極めて曖昧なまま行動している。そこで顧客も気づいていない「潜在問題」も同時に発掘し、「企業の潜在価値」「顧客の潜在問題」をつなげ、唯一性のある存在となるべく企業そのもののビジネスを革新するのが「潜在価値開発」なのである。

第2章

# 9割の企業が見落としている マーケティングの死角

←

**①俯瞰のメソッド　ビジネス成功の12条件**

**②死角のメソッド　どんな企業も陥りがちな12の罠**

③創造のメソッド　唯一性の創造メソッド

④戦略のメソッド　戦略フレームと戦略決定

⑤階層のメソッド　顧客の意思決定の4階層

⑥開発のメソッド　情報開発の7ステップ

⑦探索のメソッド　無意識を意識化するリサーチノウハウ

⑧創客のメソッド　優良顧客づくりの方法（顧客の12分類）

# 自らが陥っている罠に気づく

1章では従来のマーケティング原理の限界について述べた。それと同時に認識しておく必要があるのが本章で述べる「どんな企業も陥りがちな罠」である。

これは決して誇張しているのでもなく、実際に多くの企業がビジネスをする中で、あるいはマーケティング活動を行う中で知らず知らずに嵌ってしまっているものだ。罠に陥っていることが認識できていればいいのだが、自らを客観視するのが難しいのと同じように、自らが「罠に陥っている」ことを知るのも困難である。**「罠」を「罠」と認識できていないから嵌ってしまうのだ。**

「潜在価値開発」とはこのような罠に陥らない方法でもある。このことを「潜在価値開発」を構成する8メソッドの「俯瞰のメソッド」と「死角のメソッド」を使って説明しておきたい。

## 俯瞰のメソッド　ビジネス成功の12条件

「どんな企業も陥りがちな罠」を理解していただく前提として、ビジネス成功の条件を考えてみよう。ビジネスの成功にはかならず満たすべき条件がある。逆に言えば、その条件の中のどこかに「罠」が潜んでいるということだ。

一体、多くの企業はどの段階でどのように罠にはまるのだろうか。

まず、皆さん自身でも「ビジネス成功の条件」とはなにかを一度考えてもらいたい。思いつくままに、できる限り挙げてみてほしい。

どうだろうか。いくつ挙げることができただろうか。

私は「ビジネスの成功要因」を12項目としている。これは基本的にどんな業種業態のビジネスでも共通するもので過不足ないものになっているはずだ。

これらの成功条件12項目は、一つひとつは当たり前のことのように思われるかもしれな

## 【図４】俯瞰のメソッド　ビジネス成功の12条件

**〈ビジネスモデル〉**

| | |
|---|---|
| 1. 顧客の求めているものを見つける | 問題の創造・発見・明確化・選択 |
| 2. それを提供できる | 解決手段の提供　開発・調達 |
| 3. 競争に勝てる | 差別的優位性の抽出と構築 |
| 4. 儲かる仕組みにする | 収益化モデル（売価・原価・ランニングコスト・投資コスト） |

**〈マーケティング〉**

| | |
|---|---|
| 5. 差別的優位性をうまく表現する | 表現開発（情報開発・クリエイティブ開発） |
| 6. 表現したものを伝える | 媒体設計・開発 |
| 7. 販売するルートをつくる | 販売チャネル設計・開発 |
| 8. 顧客との関係を深める | ＣＲＭ・コミュニティ化 |

**〈ビジネスの基礎技術〉**

| | |
|---|---|
| 9. うまくいくかを確かめる | リサーチ・市場テスト |

**〈マネジメント〉**

| | |
|---|---|
| 10. 誰でもできる仕組みにする | オペレーションの仕組み化 |
| 11. 拡大できる体制をつくる | 組織化（理念・ビジョン・目標共有、役割分担・協働の仕組み、人材育成） |

**〈ファイナンス〉**

| | |
|---|---|
| 12. 必要な資金を調達する | 資金調達（投資資金・運転資金） |

いが、実際にそれを実現するのはどの項目も簡単ではない。

そしてこれらの項目は「掛け算」なので、一項目でも欠ければビジネスは失敗する。これらの項目を完全に理解し、実行できなければビジネスは成功しないのである。つまり、せっかく「顧客の求めているものを見つけ」それを「競合よりも優位に提供でき」、「儲かる仕組みがつくれた」としても、成功条件12項目の中のどこか一つでも「罠」に陥っていれば、思ったような成果が出なくても当然となってしまうわけである。

ビジネスをする上では、このようにビジネス全体を俯瞰する視座と視点を持つことが必要である。そうでないと、枝葉末節に入り込んでしまい、解決の糸口がつかめなくなってしまうからだ。

「いや、自分の担当領域は広告とプロモーション施策なので販売チャネル開発や全体のコスト設計などはハンドリングしようがない」と思われる向きもあるかもしれない。

もちろん、それは理解できる。ビジネスのすべての領域を自分がコントロールすることは不可能だ。だが、それでも直接担当しているのが広告の課題だとしても、一つ上のマーケティングの課題、さらにビジネスモデルの課題というように、次元を上げ、抽象度を上げて考えていかなければ本当の問題解決はできないものである。

自らが直接問題解決に当たれなくとも、そうした意識と思考で関連部門、社内の担当者に対して課題を投げかけていくことは必要である。

このことは、一から会社を起業したことのある方は別として、企業にお勤めの方はなかなか実感しづらいかもしれない。

私自身も会社を興す前に企業勤めをしていたときはそうであったし、クライアント企業の方に話を伺っても同じ認識だった。１００戦１００勝のビジネスなど存在しない。故に、多かれ少なかれどの企業も「成功条件12項目」のどこかで必ず失敗をしているのである。

特にマーケティング領域では「トライ・アンド・エラー」は当たり前となっている。

しかし短期的にはそれでも大丈夫なのである。それぞれの企業は成功サイクルを以前からずっと回し続けていて、すでに多くの蓄積資産があるため、多少の失敗は吸収してしまうからだ。蓄積資産とは、顧客・ブランド・組織・販売ルートなどである。

従って失敗の実感が弱くなる。しかしこの失敗の蓄積がボディブローのように効いてくる。従来型マーケティングが効かなくなった現在はなおさらだ。そのまま同じような失敗を続けていけば、気がついたときには時すでに遅しということになってしまいかねない。

そうした「失敗の要因」こそが、知らず知らずに陥っている「罠」となっていることにまずは気づかなければならない。

くり返すが、ビジネスの成功条件を俯瞰的・体系的に理解し、その上で「どんな企業も陥りがちな罠」に陥らないように、ビジネスを進めることが必要なのである。

## 最も難しく危険な罠とはなにか

ビジネス成功のための12条件は、大きく分けると、ビジネスモデル・マーケティング・マネジメントの3つである。

ビジネスモデルとは、ビジネスが継続的に成立する条件をつくり、顧客の求めているものが提供でき、それが差別的優位性を持ち、儲かる仕組みになっていることである。

ポイントは競争に勝てる継続的な差別的優位性＝唯一性をつくることだ。これが成功条件の根本である。

競争しないブルーオーシャン戦略という考え方もあるが、長い目で見ると、実際には時間差はあってもかならず競合は現れ、レッドオーシャンになる。そこには、先行による優位性があるだけである。逆にいうと先行者メリットをどれだけ生かして差別的優位性をつくれるかということになる。

その中で、収益化モデルも重要になる。要素は売価・原価・コスト（初期投資コスト・ランニングコスト・マーケティング投資コスト）だ。特に売価設定が鍵を握る。売価で粗利（売価―原価）が決まってしまうからである。十分な粗利がなければ、ビジネスの継続が難しくなるのは自明の理であろう。

次にマーケティングであるが、**マーケティングの最終目的は、優良顧客をつくることだ。**優良顧客づくりを最終目的として、顧客との深い信頼関係をつくるためのコミュニケーションの仕組みをつくること。ここにマーケティングの本懐がある。

その上で顧客との深い信頼関係が出来上がっている状態が「ブランド」というものになる。マーケティングの定義はさまざまあるが、あまり領域を拡大したり、厳密化しても、結局なにをするのか分からなくなってしまう。今述べたぐらいシンプルな定義の方が実践的ではないだろうか。

また、ビジネスモデルとマーケティングはまったく考え方の方向性が違う。時折、両方を混同しているケースが見られるが、本来はっきり分けて考えるべきものだ。

ビジネスモデルは、差別的優位性＝唯一性という、他が真似できない、その企業独自の特殊解、唯一解を求めるもの。一方マーケティングは、優良顧客づくりという最適解を求めるもので、他の真似をしてもいいということである。

この2つの切り分けもマーケティングの罠に陥らないためには必要なことだろう。

もう一つは、マネジメントである。誰でもできるような仕組みをつくり、ビジネスの維持・拡大を図れる組織体制をつくるために欠かせないものだ。

マネジメントも大変重要であるが、ここではビジネスモデルとマーケティングを中心に、その「罠」を知り、罠に陥らない方法をお話しするために割愛する。

先ほどの3要素の中にあえて、企業理念・ビジョン・ミッションは入れていない。これらもビジネス成功の重要な条件ではある。しかし、どんな企業理念・ビジョン・ミッションを持とうと「ビジネスモデル」「マーケティング」を罠にはまらず実行しなければ何も実現しないのである。

企業理念・ビジョン・ミッションは、「顧客の求めているものを見つける」ところから導きだされるものであろう。すなわち顧客が解決を求めている問題を徹底的に突き詰めていったところから、明確になっていく。初めに理念ありきではないということだ。

むしろ、顧客の問題解決の実践から研ぎ澄まされ明確になっていくものではないだろうか。顧客に対しなにもしていない段階で、いきなり企業理念・ビジョン・ミッションを決めることは現実的ではないのではなかろうか。

それでは、ビジネス成功12条件の中で、特に難しいと思われることはなにか。

私が主催するセミナーでは、かならずこの質問をするのだが、多くの方がお答えになるのが、1の「顧客の求めているものを見つける」と、3の「競争に勝てる」である。

この二つは確かに難しいことではある。ただ、それらは皆が難しいと分かっているものである。このようにはっきり分かっていることは、実行するのが難しくてできないということはあっても、大きな失敗にはつながらない。難しいと皆が分かっていることであるから「罠」とはならないのだ。

それよりも怖いのは、知らず知らずに陥ってしまう罠である。

そういった意味で、**私が経験上最も難しいと考えるのが、実は5の「差別的優位性をうまく表現する（表現開発）」である。**

まず自社の差別的優位性＝唯一性を理解するには、自分のことを客観的に見ることが必要であるが、自社を客観的に見るのは難しいものなのである。自社の差別的優位性は自社にとって当たり前すぎて、見ているのに見えないという死角になりやすい領域なのである。特に、日本のように伝統的かつ真面目な事業活動を長年行っている企業ほど、そうした傾向が強く見られる。客観的に見れば「すごいこと」を行っているのに、自分たちからすれば当たり前すぎて見えていないのである。

また、差別的優位性を表現するにあたっては、供給側の視点（機能性等）を消費者側の視点（ベネフィット）に転換しなければならない。例えば「乳酸菌が何億個」というのも機能性につながる優位性であるが、消費者側視点では、それによってどんな便益（ベネフィット）が得られるのかに転換した表現として「健康維持に重要な腸の健康を守る」というように転換するのである。

これはリサーチなどで消費者に常に接していて、消費者感覚を体感していないと、なかなかうまくできないものだろう。どうしても供給する側の視点のみで見て、思い込みで表現をつくってしまいがちだからだ。

このように二重に錯覚しやすいという意味で、「差別的優位性をうまく表現する（表現開発）」ことは、むしろ難しいというより、知らず知らずに「罠」に陥ってしまう非常に厄介で難易度の高いことなのである。これこそが「罠」である。

さらにいうと**「表現されないものは、存在しない、と一緒である」**ということになる。その企業にどんなに素晴らしい差別的優位性があっても、それがうまく表現されて伝えられなければ存在しないも同然である。

しかしながら、このことを本当によく分かっている方は私の実感値でも非常に少ない。ビジネスを成功させる要というべき領域に最大の罠が潜んでいるのである。

また、表現開発がうまくできていないのに、次の段階６の「差別的優位性をうまく伝える」に進んでしまうと、ここでは広告媒体購入など大きな予算が投入されることになる。つまり大きな広告投資が無駄になってしまいかねない。その意味でも「罠」だということがお分かりいただけただろうか。

# 「マーケティングとはなにか」を明確にする

前段でマーケティングの定義を「差別的優位性をうまく表現し、伝え、販売のルートをつくり、顧客との関係を深める」とお伝えした。これはあくまで大前提である。

ここから「潜在価値開発」によって真の優良顧客（ヘビーユーザー）を最初からつくるにあたって、以降の具体的な論と方法の理解を促進させる意味でも、今一度「マーケティングとはなにか」を明確にして共有しておきたい。

企業も顧客も、自分のことがよく分からない中で、どのように独自性、差別的優位性を発見し、表現化していくか。それこそがマーケティング成功の分岐点であると述べてきたが、この悩ましい問題を解消する手段はなにかを考えると「マーケティングとはなにか」の指針が見えてくる。

一応、断っておかなければならないが、私はマーケティングの実務家、実践家であるので、マーケティングを学問として捉えたときのように、すべてを包括する厳密な定義を行うつもりはない。また、その必要もないと考える。

あくまでビジネスを遂行する上で、行動指針になる役に立つ定義をしていきたい。

ビジネスに限らずどんなときでもそうだが、目指すものが明確になっていないものは実現が難しい。どこに行くかも決めずに「行きたい場所」には到着しないのと同じだ。

その意味で「マーケティングとはなにか」の定義は、ビジネスが目指すゴールを見定めることになる。

「マーケティングとはなにか」を改めて定義すると

**「マーケティングとは、優良顧客をつくることを目的とする、顧客との深い信頼関係を築くためのコミュニケーション活動（対話）である」**


というところに収斂される。では、「優良顧客」とはなにかというところも重要になる。

顧客とは私の定義では、12種に分かれる。この中の⑧「継続顧客」と⑨「継続複合購入顧客」⑩紹介・口コミ顧客のみが優良顧客である。

【図５】顧客の12分類

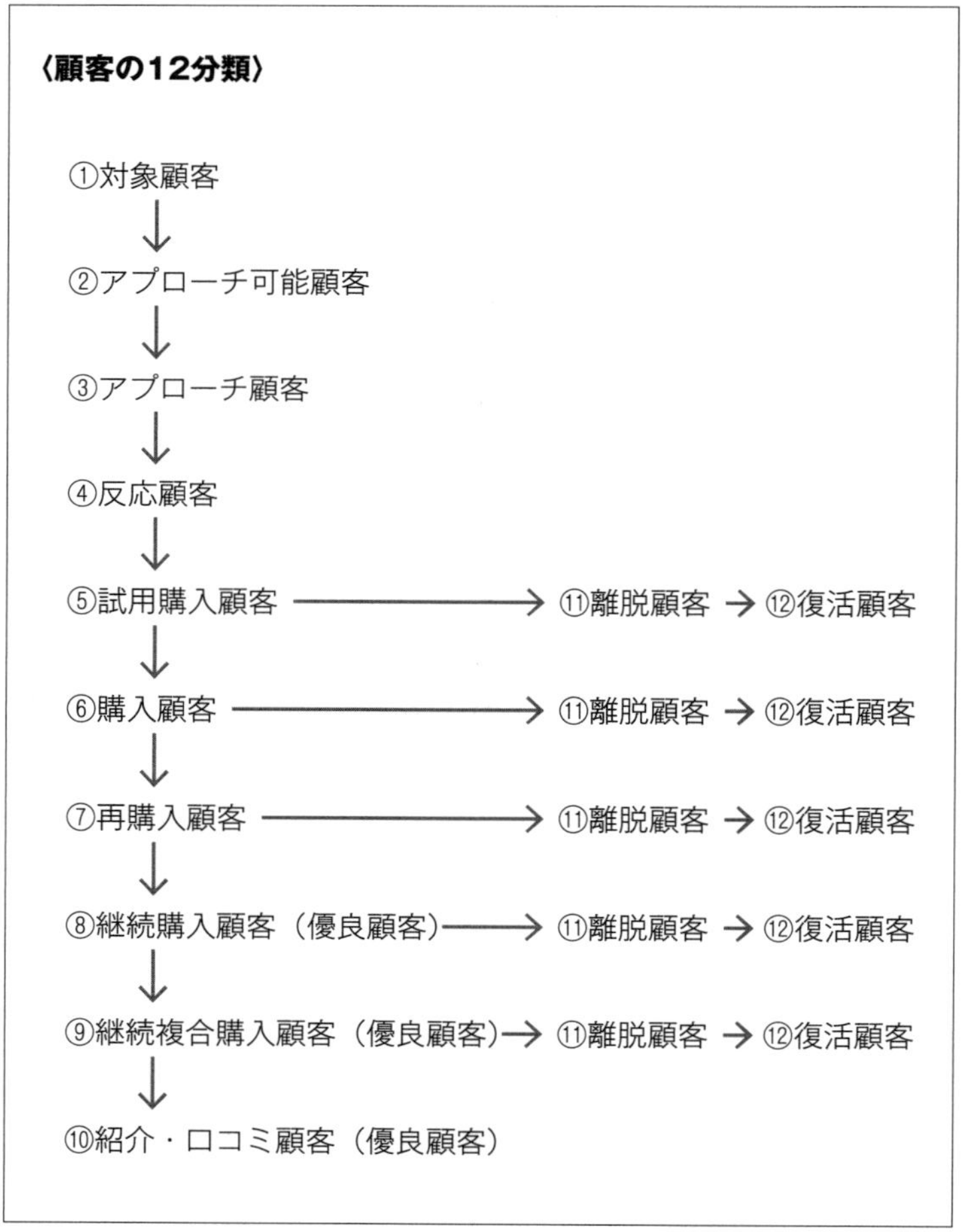
〈顧客の12分類〉
①対象顧客
②アプローチ可能顧客
③アプローチ顧客
④反応顧客
⑤試用購入顧客
⑪離脱顧客
⑫復活顧客
⑥購入顧客
⑪離脱顧客
⑫復活顧客
⑦再購入顧客
⑪離脱顧客
⑫復活顧客
⑧継続購入顧客（優良顧客）
⑪離脱顧客
⑫復活顧客
⑨継続複合購入顧客（優良顧客）
⑪離脱顧客
⑫復活顧客
⑩紹介・口コミ顧客（優良顧客）

一口に「顧客」といっても、これだけさまざまな種類の顧客に分類されるのである。ここを明確に見定めずに「顧客を獲得したい」と目論んでも、ゴールがぼやけているのであるから、マーケティングの成果がうまく上がらないことになる。

この12種の顧客を理解し、最終目的までの段階を踏んで優良顧客をつくることがマーケティングである。そして、**対象顧客から優良な口コミ顧客へ段々と移行させるためのコミュニケーションの仕組みをつくることがマーケティングシステム**である。

さらに「顧客との深い信頼関係」とは「顧客が、この人（企業）だけが、私の問題をよく理解し解決してくれる唯一の存在と思ってもらうこと」と定義している。

それが非常に難しいのではないかと思う方もいるかもしれない。たしかに簡単ではない。だが目指すべきゴールは明確にしておくべきであるし、そこに到達することができるのが「潜在価値開発」なのである。

最後にコミュニケーションであるが、マーケティングにおけるコミュニケーションとは「顧客との関係性に変化を起こすこと」に尽きる。単にお互いに接点を持ち、何らかのやりとりをするといった次元のことを指すのではない。

顧客との対話（相手を理解し、自分を理解してもらう）によって、自分の意図（顧客としての段階を上がってもらう）を実現することである。そのためには、コミュニケーションするに足る相手と思ってもらう必要がある。

また、自分の意図とは「顧客にこちらが意図するように認識してもらい、自社の差別的優位性＝唯一性を理解してもらい、意識を変え行動してもらう」ことだ。これがまさにブランディングということだ。

このようなマーケティングの考え方を前提として、どんな企業も陥りがちな罠があることを十分理解し、その上でそこから脱出する方法を実行することが必要である。それこそが「潜在価値開発」である。

## 死角のメソッド　陥りがちな「12項目の罠」

ビジネスには見えない罠が潜んでいることを認識した上で、陥りがちな「12項目の罠」について具体的に見ていこう。おそらく皆さんも思い当たる節があるのではないかと思う。

【図６】死角のメソッド　陥りがちな12の罠

**〈死角のメソッド　陥りがちな12の罠〉**

| | |
|---|---|
| ①自分のことほど分からない | 差別的優位性は埋もれてしまう |
| ②顧客も自分のことは分からない | 顧客は無意識に選択している |
| ③顧客との見方がズレる | 業界の常識で市場を見てしまう |
| ④市場を概観してしまう | 実際に手を突っ込んでみないと勝機は見えない |
| ⑤反射的・習慣的に考えてしまう | 新規顧客獲得・若年層への拡大と考えてしまう |
| ⑥前提を跳ばす | 基本的な知識を顧客は知らない |
| ⑦企業の言葉で表現してしまう | 顧客ベネフィットではなく、機能を語る |
| ⑧それらしくつくってしまう | いかにもコピーらしい表現をしてしまう。バランスのよさを重視してしまう。消費者のバランスを崩さないと印象に残らない |
| ⑨プロに任せきってしまう | その領域のプロでも、自社のプロは自社である |
| ⑩うまくいくかを確かめない | 表現のリサーチはほとんど行われていない |
| ⑪流行りの媒体ばかり追いかける | 表現開発が十分できていないのに、流行りの媒体ばかりを追いかける |
| ⑫広告代理店に丸投げする | 自分のこと（差別的優位性）が分かっていないのに、任せてもうまくいかない |

## ①自分のことほど分からない

「差別的優位性＝唯一性をうまく表現する」ということが最も難しい。

ビジネスを成功に導く中にはさまざまな死角があり、知らず知らず罠に陥りやすいことはすでに述べたとおりである。

その根本要因は、自分のことを客観的に見るのが難しいように、企業も個人の集合であるので、自社のことを客観的に見るのは難しく、自社の差別的優位性を見誤る、見落とすものであるということだ。

これは人間の根本的な本性に関わる問題であり、どんな企業にも当てはまることである。実際ご支援したすべてのクライアントに当てはまっていた。私は前職でこのことに気づき、「どんな企業も陥りがちな罠から脱出する方法」を開発し、これが今の「潜在価値開発」の源泉となっている。

## ②顧客も自分のことは分からない

自分で自分の差別的優位性が分からなくともベビーユーザーなら、きっと自社の差別的優位性＝唯一性を理解してくれているだろう。なぜなら、実際にお金を払ってモノやサービスを買ってくれているわけだから――。

そのように考えたくなるのが人情だ。ところが実際にヘビーユーザーに聞けば自社の差別的優位性が分かるかといえば、実は分からないのである。皆さんも思い当たるところがあるだろう。自分がなぜその商品を買ったのかと聞かれて、明確に答えられるだろうか。

もちろん聞かれれば、なにかもっともらしいことは答えるかもしれない。しかし、それは真実の答えではないことのほうが多い。「なぜこの商品が選びましたか？」と聞かれれば「機能性が高いから」と答える。だが、実際にはほとんど無意識でその商品の選択をしているのである。別の言い方をすると、理屈だけでなく感情（そのときの気分やそれまでに蓄積されたイメージ）で選択していくからである。もちろん機能的なベネフィットを詳細に比較検討し選択している人もいるが、ほとんどの人はいろいろな情報収集をしている場合でも最後はなんとなく感覚で選んでいる。

こんな例がある。銀行から依頼されたカードローンの顧客獲得プロジェクトで、実際のカードローン利用顧客のリサーチをしたときのことである。

他のカテゴリーならともかく命の次に大事なお金を借りるのだから、損得をはじめ種々比較検討して、論理的に判断しているだろうと思っていたのだが、実際にはイメージ的な判断をしていた人が多かった。

顧客はあまり比較検討せず「A社で借りるのは怖い、こちらなら安心」というように、論理的な根拠が薄いイメージだけで判断していたので驚かされたのである。

こうした例に見られるようにヘビーユーザーに購買理由を聞き、それを真に受けてもうまくいかないことが多い。本当の理由は深層の無意識の中にあることがほとんどである。聞かれて答えられるのは表面的な理由に過ぎず、仮に機能的な理由を語ったとしても、実際には無意識の中にある過去のストックイメージ（その企業・カテゴリーについての過去の記憶）に影響されていることが多い。それを読み解かなければ、真実の理由は分からない。

### ③顧客との見方がズレる

どのような業界にも「業界の常識」とされるものがある。しばしば企業は自分たちの業界の常識でものを見たり判断してしまい、顧客の見方とズレてしまうことがある。

例えば、ある文具のリサーチを行ったときのケースでは、こんなことがあった。文具メーカーは市場は3つのカテゴリーに分かれていて、その中の1つのカテゴリーのシェアを高めたいという意向を持っていた。

ところが実際に顧客をリサーチしてみると、顧客はその3カテゴリーの区分をまったく認識しておらず、すべてを同一のカテゴリーと認識していた。つまり文具メーカーと顧客の見方はまったくズレていたのである。

## ④市場を概観してしまう

誰しもありがちなパターンとして、「市場を概観して、戦略を決めてしまう」ことがある。マーケティング戦略の立案においても、経営戦略の立案においても同様なことが言える。

数字で市場伸長率・シェア・販売数量・顧客数を見て方向性を決めることは、一般的に実行されているので何の疑問も持たないことが多いが、市場を数字で概観しているかぎり、多少セグメントしたところで、誰が見ても同じような判断となり、極端に言えば誰もが同じことをすることになる。

そうなると、みんなが同じ方向を向いての同質化競争になり、差別的優位性をつくることができない。

市場を概観ばかりしていないで、実際に市場に手を突っ込んでかき回し（消費者の意識の中に入っていく）、消費者意識調査をするとまったく違う様相が見えてくることが多いものである。

守秘義務があるため、どの業界のどの企業とは申し上げられないが、その企業のあるブランドの販売シェアは5％程度で、市場のトップ2は合せて90％ものシェアがあった。普通に考えれば、その圧倒的な差からこれは勝ち目がないのであきらめるのが概観的な見方である。

ところが実際の顧客の意識に手を突っ込んでみると、トップ2のブランドロイヤリティは販売シェアほど強くはなかった。つまり、先に述べたように「行動ヘビー・マインドライトの法則」に当てはまっていたわけである。

販売シェアとブランドロイヤリティ（顧客のブランドに対する忠誠度）に実際にはギャップがあったのだ。ブランドロイヤリティと販売シェアが強くリンクしていたならやはり勝ち目はないと判断しただろう。だが、トップ2のあまり高くないブランドロイヤリティを見てこれなら勝てる可能性はあると判断した。そして実際に「潜在価値開発」によってひっくり返すことができたのである。

このように**購買行動とマインドが一致していないことは往々にしてあるものだ。そのときこそマーケティング戦略を根本から見直す好機なのである。**

また、これは別の業界になるが、「早い」「安い」「簡単」という競争原理で競合が争っていた。概観すればそれが業界常識で、私のクライアント企業もそういう認識をしていた。

業界常識に捉われない私ですら、そんなものなのかと思っていたが、顧客の意識の中に入りこんでみると、まったく違った様相が見えてきた。

その企業の顧客は「早い」「安い」「簡単」などを企業に求めておらず、「安全」「安心」「信頼」を求めていた。その理由としては、その企業が圧倒的な信頼感を持たれていたことによるものだった。そこから、マーケティング戦略をまさに真逆に転換したのである。

## ⑤反射的・習慣的に考えてしまう

企業で戦略を考える人に共通する反射的・習慣的な思考癖がある。それは、常に「新規顧客・若い年代層」をターゲットにしたがるということだ。

これは、高度成長期のマスマーケティングによる「トライアルユーザーづくり」の思考方法に他ならない。少子高齢化、人口減少時代になっても、反射的・習慣的に高度成長期の先輩世代の思考癖を受け継いでしまっているのではないだろうか。

冷静に考えても、今の若年層は有望な市場ではない。市場規模は団塊の世代の半分以下であり、しかも均一ではなくセグメント化されていて、マスを狙いにくい多セグメント化した層である。なおかつ可処分所得も低く将来の所得向上の見通しも見えないので消費意欲は低い。

それればかりかターゲット層に到達させるためのコミュニケーションチャネルもネットネイティブ世代であり、ＳＮＳなど多極化・複雑化しているので、情報を伝えにくい。にもかかわらず、新規顧客で若い層を狙いたいという企業が多いのである。

中には明らかにシニア層に強い企業が、「新規顧客・若い年代層」を取りたいなどと言う。確かに、データをみればシニア層の浸透率は高く、若い年代層の浸透率は低い。そういうデータを概観すれば、反射的に若い年代層を取りに行きたくなる気持ちも分からないではない。これも前項の市場を概観することによる罠なのである。

浸透率はあくまで平面的なデータである。浸透率は高く見えても、購入頻度が高くないということもある。

高い購入頻度を取っているなら、シニア層は本当に放っておいて若年層に目を向けてもいいのだが、まだまだ取り切っていないことが多い。実際よくよくみて見るとほとんどが取り切れていない。ないものねだりよりも、まず得意領域の得意な顧客をもっと取り切るべきなのである。それがもっとも効果的かつ効率的な行動だろう。

## ⑥前提を跳ばす

「前提を跳ばす」と言われてピンとくる人はどれだけいるだろうか。**「前提」とは、企業が顧客は既に知っているはずと思っている基本的な知識**である。しかしここに盲点がある。

顧客、ユーザーと深くコミュニケーションしてみると商品やサービスの基本的な知識を顧客は知らなかった、知らない顧客が多かったということが実に多い。そんなことは当然知っているはずと跳ばしてしまい、うまくコミュニケーションができていない企業が多いのである。

死角②の「顧客も自分のことは分からない」で述べた、銀行のカードローンの顧客獲得プロジェクトでのことである。対象顧客の調査をしてみると、お金を借りたことがない人はお金の借り方をまったく知らなかったのである。

ご存知の人もそうでない人もいるかと思うが、カードローンという商品は、銀行に融資を申し込み、限度額を設定してもらい、カードローン専用の（他の機能が付随しているものもあるが）カードを発行してもらって、銀行のＡＴＭで必要な金額を下すというものである。

そんなことは誰でも知っているだろうと銀行も私も考えていたのだが、そのことを知らない対象顧客は非常に多かったのである。「キャッシュカードでお金が借りられる」と思っていた人も少なくなかった。

そこでまずは、お金の借り方を教えたり、借りるにあたっての不安感を解消する必要があることが分かったのである。

また、ある弁護士事務所のコンサルティングをしていたときには、私は所長に次のようなアドバイスをさせていただいた。

「ほとんどの方はどうやって弁護士へ相談したらいいかをまったく知りません。どこまでが無料でどこからが有料になり、その後どんな料金体系になっているのか分からない。ですからまず顧客に相談の仕方や料金体系をきちっと教えましょう。そのことが事務所の信用を高め、新規顧客開拓につながりますよ」

実際、皆さんも「弁護士への相談の仕方や料金体系を知ってますか？」と聞かれれば、おそらく即答できないのではないかと思う。私もそうだった。この「前提」を跳ばして顧客とコミュニケーションしてもかみ合うはずもないのである。

こうした現象はどんな業界でもある。「前提を跳ばしてしまっている」ことがあるかもしれない。そういった視点で業界と顧客を見つめ直してみてほしい。新しい顧客へのアプローチ方法が見えてくると思う。

## ⑦企業の言葉で表現してしまう

消費者の求めているものは自分にとっての便益＝ベネフィットである。また、自分の心を動かしてくれる情報である。

しかし、どうしても企業は自らの言葉で機能的、特徴的なことを語ってしまう。あまりに微細な機能の差を語ってしまうことが多い。それは決して顧客の求めている情報ではない。顧客が何に喜び（快の充足の価値）や不安・心配の解消（マイナス解消の価値）を感じるのか。そこを深いコミュニケーションによって探る必要がある。

### ⑧それらしくつくってしまう

ＣＭにしてもコーポレートスローガンにしても「こういうものはこういう感じ」という固定観念があるケースが多い。

ある企業の企業理念作成プロジェクトを依頼されたとき、当初、日立の「Inspire the Next」のようなメッセージをつくって欲しいと要望されたことがあった。

しかしそのようなコーポレートメッセージは既に多く使われている。つまり、それらしいものが欲しいということになる。それでは、ありきたりでメッセージとしてのインパクトが薄く、効果を発揮できないケースが多い。「それらしい」ものとは大きく違うものをつくらなければ自社の哲学、姿勢、想いなどが表現されたものにはならないのである。

化粧品会社なども、「化粧品のＣＭはこういうもの」という固定観念を持ちやすい。実際「それらしくつくってしまう」ＣＭはあまりにも多く、結局は消費者、ユーザーをつかめていない。「どこかで見た感じのもの」として他の商品とともに埋もれてしまっている。

## ⑨プロに任せきってしまう

広告やマーケティングの現場でも自分たちは運用・プロジェクト管理しかしていないので、仕組みづくりやコンテンツ制作はプロに任せているというケースも少なくない。例えばＣＭの撮影現場を見ていると、制作ディレクターや監督、カメラマンに任せきってしまう。意見があっても相手はプロだからと遠慮して何も言わないことが多い。

しかし、つくっているのは自社のＣＭである。自社のプロは自社である。制作ディレクターや監督、カメラマンは、ＣＭ制作や撮影のプロではあっても自社のプロではない。自社の顧客を深く知っているのは自分たちである。それなのに、その顧客に届ける大切なコミュニケーションメッセージの制作をすべてお任せではうまくいかないのである。

## ⑩うまくいくかを確かめない

「ビジネス成功の12条件」の中で最も難しいのは、「差別的優位性をうまく表現する（表現開発）」ことであるのは先に述べた。その理由としては、差別的優位性は自社にとって当たり前と思ってしまい死角になりやすく、うまく表現するためには企業側から消費者側への視点転換が必要になるという二つの難しい要素があるからである。

では、「差別的優位性をうまく表現する（表現開発）」ことを成功させるにはどうすればいいのか。有効な方法が「リサーチ・市場テスト」である。

何事においてもうまくいくか確かめることは、ビジネスモデル・マーケティングのすべての段階で必要である。しかし、すべての段階でこれをきちっとやっている企業はほとんどないと言っていいと思う。いきなり本格展開しても、たいしてコストがかからないというのであれば、リサーチ抜きにまずやってみるでもいいのかもしれないが、そのような案件はあまりないのではなかろうか。

ビジネスモデルをつくるという段階では、自社の独自解、唯一解をつくらなければならないため、他とは異なる発想、大胆な発想が必要になる。しかし、それを実行する段階では、うまくいくかどうかを慎重に試していく必要がある。

なぜなら、ユニクロを率いる柳井さんが仰るようにビジネスは「1勝9敗」だからだ。ビジネスはいきなりうまくいくものではなく、まず最初はほとんどが失敗するものである。

歴史のある企業であれば、過去の蓄積があるため多少の失敗は吸収する余力はあるが、立ち上げたばかりの企業なら一度の失敗で窮地に立たされる。起業して10年残る企業は10

%という事実もそれを示している。にもかかわらず、うまくいくかどうかを確かめることをしない企業が多いのである。

「顧客の求めているものを見つける」という問題の発見・選択（商品開発）の段階では、リサーチを実施されている企業は多い。

しかし**「差別的優位性をうまく表現する」というマーケティングコミュニケーションの段階で、「うまく表現できているか」をリサーチ・市場テストをして、きちんと確かめている企業は非常に少ない。**ここにもこれまでのマーケティングコミュニケーションが抱える根本的な問題がある。

私が前職のヤクルト本社の広告部長時代、このような表現開発のためのリサーチや市場テストを徹底してやっていたが、「そんなことをしている会社はありませんよ」とよく言われた。ヤクルト本社を退職し、自分の会社を立ち上げて、いろいろな会社を支援してみると、やはりその通りだった。

「差別的優位性をうまく表現する」表現開発はビジネスの中で間違いやすく、難しい領域である。にもかかわらず、それを「これでうまくいくか」確かめていないケースがほとんどなのである。

こちらが意図した通りに顧客が理解してくれないものは、存在しないも同然である。そうなると、せっかく価値あるものを持っていても、それが活かされないことになってしまう。

「差別的優位性をうまく表現する」表現開発が「うまくできているか」をリサーチ・市場テストで確かめ、それから本格展開する。見過ごされてしまいがちだが、もっとも重要なことである。

## ⑪流行りの媒体ばかり追いかける

マーケティングコミュニケーションにおいてもっとも大事なのは表現である。どんなに優れたビジネスモデルや商品をつくっても、それがうまく表現（表現開発）できていなければ、どんな効果的な媒体を使おうが効果はでない。

にもかかわらず、表現開発が不十分なまま、流行りの媒体、あるいはデジタルマーケティングツールを追いかけてしまうというのが現代の特徴である。

インターネットの普及によって、さまざまなコミュニケーションチャネルが開発され、今までにないようなコミュニケーション手段が生まれてきた。なにか新しいものが登場するとそれをやらないと遅れるという意識で、皆が一斉にそちらに走り出すという現象がこ10年の状況だったのである。

その結果が本書の冒頭でもお伝えしたように、マーケティングの成果に満足できていないという実情となっている。いうならば、多くの企業が「流行りのもの」に振り回されてきたわけだ。

もちろんそれらは新たなコミュニケーションの可能性を切り開いたのも事実である。しかしそれは「手段」にすぎない。流行りの手段を追いかけている間に足元のことが疎かになっている企業はとても多い。はっきり申し上げて、そうした現状に気づいているか、気づかずに相変わらず流行りを追いかけているかによって、今後のビジネスの成果はかなり大きな開きが出てくるだろう。

くり返すが、重要なのは「自社の差別的優位性を十分理解し、表現化するか」である。周りが流行りの媒体やツールに乗り出しているからといって、そこだけを見てはならない。流行りのものはあくまで「伝える」または「コミュニケーション」する手段だ。自分が「なにを（唯一性）」を伝えるべきか明確にし、きちんと表現できてこそ、そうした媒体やツールを使う効果があるのである。

## ⑫広告代理店に丸投げする

本書を読まれている皆さんの中には広告代理店の方も多いと思われる。「広告代理店に丸投げ」というワードには反発があることも承知している。それは「罠」ではなく、もともとある構造であり、広告主側もそれを望んでいて、そこに応えているだけという考え方もできる。

お互いに、過程が「丸投げ」であっても、それで結果的にうまくいくのであればそれでいいではないかと思われるかもしれない。

だが、これからの時代（今も既にそうであるが）丸投げ構造ではうまくいかないのである。一昔前の消費者へのコミュニケーションルートが一方通行であった時代、いわゆる4マス（TV・新聞・ラジオ・雑誌）媒体が影響力の大半を持ち、販売チャネルがスーパー・CVS中心というシンプルな状況で、かつ消費者ニーズも比較的均一であればそれでもよかった。

インパクトあるクリエイティブをつくって目立ち、消費者に強い印象を与えさえすれば、とりあえず大きなパイを動かすことはでき、そこから零れていっても、また次々と新規顧客が現れていたマスマーケティング時代なら「丸投げ」も機能していたであろう。

だが、現在はいうまでもなくインターネット時代になり、消費者、ユーザーとのコミュニケーションルートが多様化・双方向化し、販売チャネルもEC等の拡大によって多様化している。

さらに、消費者の消費経験の深まりや消費に対する価値観の変化などによって、消費者ニーズも多様化し成熟している。

こうした現実があるのに、既存の価値（商品やサービスの機能性や特徴、価格優位性など）をオリエンテーションしただけで企業が広告代理店にマーケティングコミュニケーションを「丸投げ」しているようでは、ビジネスがうまくいかないことは容易に想像できるのではないだろうか。

## 広告主と広告代理店の役割分担

陥りがちな「12項目の罠」を見てきたが、それらとは別に、広告主と広告代理店の関係性からくる根本的な課題もある。

企業にとって「差別的優位性をうまく表現する」ことが難しいのは大きな課題だが、表現開発が難しい（失敗しやすい）理由として、広告主と広告代理店の関係性が要因してくるのである。

表現開発の前段階である「ビジネスモデルをつくる」ことや「商品を開発する」ことは、広告主が自前で自己完結的にできるのに対して、表現開発の段階から表現を具現化するために、広告代理店等外部の協力が必要になってくるからである。

この協力体制のつくり方がなかなかうまくいかないケースが多い。つまり内部から外部へのつなぎの部分がうまくいっていないことがほとんどなのである。

なぜうまくいかないのか。まず考えられるのが広告主と広告代理店の役割分担がアンバランスになることが多いためだ。代理店に任せすぎたり（丸投げ）、任せるべきことを任せなかったり（そのケースは稀だが）どこまでを広告主側が担当し、どこからを広告代理店に任せるかが社内で明確になっていないことが多いのである。

このようになりがちなことも「自分たちでは分からない」ため、外部から客観的に見て初めて「課題」として意識化されるのである。

## メーカーは商品開発に逃げる

私も前職はメーカーだったためよく分かるのだが「メーカーは商品に逃げがち」である。メーカーは世の中の役に立つ商品をつくることが本来の使命であるが、放っておくと商品を開発することが単なる近視眼的な自己都合になってしまいがちだ。

確かに競争が激しい中で、どんどん新商品を出してほしいという営業の要望は常に強いものである。実際、新商品を出さないとスーパー・ＣＶＳの棚を守ることは難しいので、分からないでもない。

しかし今ある商品を顧客に対しうまく表現開発することができていないというのが、本当の課題であるケースが多いのである。つまり商品戦略上の問題ではなく、マーケティングコミュニケーション上の問題であることが多いのである。

ところが、こうした真の課題に向き合えず、なにか刺激が欲しいということで新しい商品を要求する。その結果、不必要で過剰な商品開発が行われ、商品開発部門はより価値ある商品を開発するという本来の機能を果たすことなく、ちょっと目先を変えた商品、本当の差別化ではない差異化商品の開発に忙殺されることになる。

必要なのは、ほんのちょっとの違いしかない差異化商品ではなく、違いが競争優位性に結び付くような「差別的優位性」「唯一性」をもった商品なのであるが、そうしたことをやっている余裕はなくなってしまうのである。

実際、新商品を出せば短期的には売上は上がるのだが、本質的な課題（マーケティングコミュニケーション、表現開発）は解決されていないので、すぐ元に戻ってしまう。

また、根底には画期的な新商品が出ればすべて解決するというメーカーの思い込み（幻想）がある。しかしそんな画期的な新商品など早々生まれるものではなく、その努力はするにしてもそれに頼ってはいけない。

商品力のある商品を持っているメーカーの場合は、マーケティングコミュニケーション力を高めるほうが先決で効果的ということだ。商品の「差別的優位性」「唯一性」がうまく表現されていなければ、せっかくの商品はあっても存在しないも同然になってしまうのである。

## 情報開発とクリエイティブ開発の罠

最後に取り上げたいのが「情報開発」と「クリエイティブ開発」の罠である。

実は、この部分にはマーケティングの実務経験が豊富な人でも陥りやすい罠が潜んでいる。随所で述べているように、ビジネスを成功に導く中で「差別的優位性をうまく表現する」表現開発はもっとも重要でありながら難しく、間違いやすいものだ。

まず、そもそもの**大前提として「表現開発」は「情報開発」と「クリエイティブ開発」に分けて考えなければならない。**

ここが曖昧なまま、それぞれを混同して、いわゆる「それらしい表現のクリエイティブ」をつくってしまったり、既存の価値をベースに一方的な思い込みの情報伝達をしてしまいがちなのである。

「情報開発」＝顧客にどういう情報を伝えるのが効果的かを明らかにする（WHAT）

「クリエイティブ開発」＝その情報を媒体に最適化させてコピー化・ビジュアル化する（HOW）

このように、それぞれの役割も目的もまったく異なる。

本来「情報開発」は広告主側に役割があり、「クリエイティブ開発」は広告代理店の仕事である。

自社の差別的優位性が明確に分かっており、その情報の顧客における重要度の評価も行って、どうすればうまくいくか分かっている状態が「情報開発」できている状態である。しかし、ほとんどの企業がこの過程をきちんとできていない。つまり、広告主側が何をやるべきかが分かっていないということだ。

そのため、いわゆるオリエンテーションシートが本当のオリエンテーションシートとは言えず、単なる商品仕様書レベルになっていることがよくある。これは広告主側の怠慢と言ってもいいかもしれない。

一方で広告代理店側は、不十分な情報に対して不十分だと言わず、類推でクリエイティブ案をつくってしまう。また不十分な情報を広告主にヒアリングしても、広告主側は前に述べたように「自分のことは分からない」という陥りがちな罠にはまっているため、役に立つ情報は提供されないことが多いのである。

こうして、広告主側も広告代理店側も双方が曖昧な関係で仕事を進めた結果、投資した割には満足な成果があったとは言い難い案件がどんどん積み上がってしまう。

こうした現象はＢtoＣ企業だけでなく、ＢtoＢ企業でも同じように見られる。ＢtoＣ企業は、営業が顧客と直接接しているため、顧客のことが分かっていると思っているようだが、本当にそうだろうか。

私は常々、ＢtoＣ企業だけでなく、ＢtoＢ企業にも、

「顧客にインタビューをしてみたほうがいいですよ。自社のことがなかなか伝わっていないことがよく分かりますから」

とお勧めしている。

私自身もＢtoＢ企業の顧客インタビューを数多く手掛けているが、インタビューを実施してみると、ＢtoＢ企業の担当者が「こんなに顧客企業に自社のことが伝わっていなかっ

たとは」と愕然とする場面に遭遇することが多い。

世界的な器械メーカーの顧客インタビューをしたときのことである。そのメーカーは一つの強い商品を扱っているだけでなく、もっとトータル的なソリューションを提供できる企業なのだが、顧客インタビューをしてみるとある単品の商品しか認識されていなかったのである。もっとトータル的なソリューションを提供できることを、顧客には全く理解されていなかったのだ。

顧客インタビューの中で、トータルソリューションの内容を文章化（ステートメント化）して、評価を取ってみると、

「えっ！　そんなことまでしてくれるの。知らなかった」

という反応が驚くほど多数返ってきたのである。


このメーカーの事例は決して例外的なものではない。こうした例は非常に多い。営業が直接顧客と接しているから「顧客のことは分かっている」というのは、「思い込み」に他ならない。分かっているつもりなので、外部を使って顧客インタビューをして、顧客の理解を確認する企業などほとんどない。そのためにずっと「罠」に気づかないのである。

また、営業担当者は外部の人間が顧客をヒアリングするのを非常に怖がる。一体、自分たちのいないところでなにを言われるのだろうと疑心暗鬼になるのである。従って、企業と顧客のギャップは埋まることなくどんどん広がっていく。

「顧客のことを分かっているつもり」というのが、BtoB企業が陥りがちな大きな罠なのだということ。そこをまず知っておく必要がある。

BtoC企業もBtoB企業も、どんな業種業態であっても「差別的優位性をうまく表現する」表現開発場面で企業と顧客のギャップはかならず存在している。

そのギャップはビジネス成功の「罠」となってある日現れる。

自社の差別的優位性が明確に分かっており、その情報の顧客における重要度の評価も行って、どうすればうまくいくか分かっている「情報開発」までできている状態の企業は、私が知るかぎりまだまだ少数である。

ということは逆に言えば「情報開発」を正しく行えるようになることこそが、ビジネス成功の最大のポイントになるということなのである。

第3章

# 見えないものを見る――企業自身も気づいていない自社の魅力を訴求する「潜在価値マーケティング」とは

←

①俯瞰のメソッド　ビジネス成功の12条件

②死角のメソッド　どんな企業も陥りがちな12の罠

**③創造のメソッド　唯一性の創造メソッド**

**④戦略のメソッド　戦略フレームと戦略決定**

**⑤階層のメソッド　顧客の意思決定の4階層**

⑥開発のメソッド　情報開発の7ステップ

⑦探索のメソッド　無意識を意識化するリサーチノウハウ

⑧創客のメソッド　優良顧客づくりの方法（顧客の12分類）

# 「潜在価値開発」とはなにか

「潜在価値開発」とは決してマーケティングに範囲を限定した理論ではない。埋もれていて潜在化している価値を発見し活用することである。従って「潜在価値開発」した潜在価値は本来、商品開発やビジネスモデル創造にも活用できる。

しかし本書ではあえてマーケティングにフォーカスし、潜在価値マーケティングとして範囲を限定している。

その理由はなにか。前章でも述べたように実際、ビジネスモデルや商品そのものよりもマーケティングコミュニケーションに問題のある企業がほとんどだからである。

既に述べた罠に陥り、このことに気づいていないから仕方ないとも言えるが、目の前のマーケティングの問題と向き合うことなく、商品に逃げてしまう企業がほとんどだ。

もちろん、ビジネスモデルの革新や商品開発が常に必要であることは言うまでもない。しかし、その前にマーケティングコミュニケーションでまだまだやれることがたくさんあるのである。にもかかわらず商品に逃げてしまうのは問題である。

私たちが今までお付き合いした企業で「潜在価値開発」を行ってみると、クライアントの担当者の口から「この商品はいらなかったですね」と苦笑まじりの声を聞くことも少なくない。

だからこそ本書では、本来なら必要なかった商品開発に労力をかけず、マーケティングコミュニケーションにおいて「潜在価値開発」を行うための理論とメソッドをお伝えするのである。

## 「潜在価値開発」の目的

前章でマーケティングの目的とは真の「優良顧客づくり」であると述べた。対象顧客から優良顧客へとステップを踏んで関係を深めてもらわなければならない。

では、そのために必要なことはなにか。それこそが「潜在価値開発」の重要な役割である「顧客の心を動かすこと」、つまり態度変容を起こさせることである。言い換えれば、顧客の態度変容を起こさせる情報開発を行うことが「潜在価値開発」となる。

【図７】顧客の態度変容を起こさせる情報

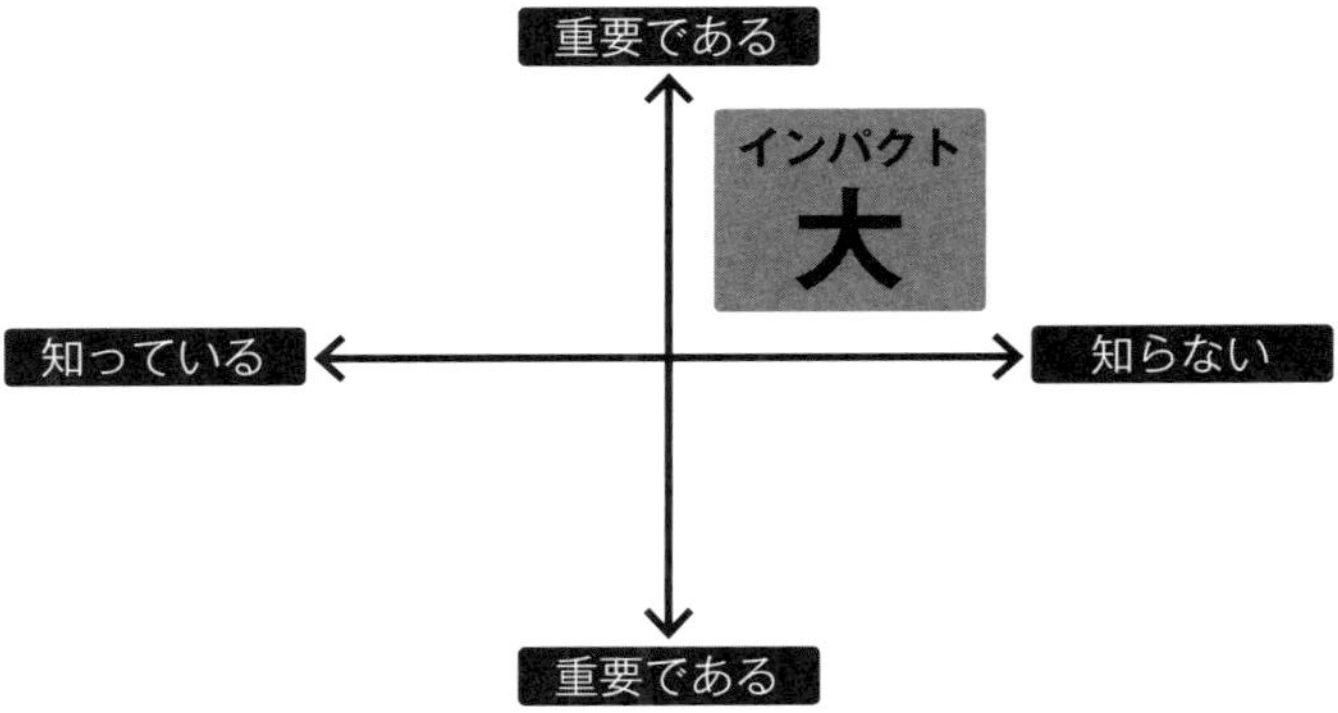


ここで大事なのが「顧客の心を動かす情報とはなにか」というものだ。これも「潜在価値開発」では明確に規定できる。顧客の心の動きで表現するとこういうものだ。

「えー、知らなかった」（新知識）
「えー、すごい」（機能性の高さ）
「えー、そこまでやるの」（企業姿勢・行動）
「えー、今までなかった」（新たな価値・機能）

このような情報である。今まで顧客が知らないもので、知ったら驚かずにはいられない重要な情報こそが顧客の心を動かす。

# 「潜在価値開発」の戦略的特徴とは

従来型マーケティング原理の限界を超え、企業が陥りがちな罠に陥らないための理論的・体系的なビジネス理論である「潜在価値開発」にはどのような特徴があるのか。

苦労多くして得るものが少ない「競争優位戦略」、苦労してつかんでも実態が曖昧な「消費者インサイト」では到達するのが難しい〝唯一性〟を顧客に認められる存在になるのが「潜在価値開発」である。

「潜在価値開発」を構成する8メソッドの「創造のメソッド」「戦略のメソッド」「階層のメソッド」から、その特徴と中身を見ていこう。

「潜在価値開発」が実現するものはなにかというと、「新たな戦略目標」を設定し、「新たな戦略コンセプトとフレーム」によって、「新しい戦略領域」を生み出し、今までにない革新的戦略を創り出すというところにある。

1. 新たな戦略目標　ヘビーユーザーの意識構造づくり

2. 新しい戦略コンセプトの創造　潜在価値の発見
3. 新たな戦略フレームと戦略策定　戦略フレームと11の戦略領域
4. 優位性の新たな定義　唯一性の構築
5. 戦略領域の拡張　企業の潜在価値と問題・解決策マトリックス

## 新たな3つの戦略目標

「潜在価値開発」は従来のトライアルユーザーづくりを目標とするマーケティング理論と戦略目標が根本的に異なる。ヘビーユーザーづくりを最終目標として、曖昧な顧客の意識構造を破壊し、確固たるヘビーユーザーの意識構造をつくることを目標とするものである。

①ヘビーユーザーづくり
②曖昧な顧客の意識構造の破壊
③確固たるヘビーユーザーの意識構造づくり

## ①ヘビーユーザーづくり

1章でも述べたように「潜在価値開発」では、最初からヘビーユーザーをつくることを目標とする。マスマーケティングでは「トライアルユーザー」獲得を目標としているが、ビジネスに真の利益をもたらすのは1：20の法則（1％の顧客で20％の売上）のヘビーユーザーであり、いかにヘビーユーザーづくりが重要かということである。

しかも「潜在価値開発」によって、自社の唯一性を認めてもらった真のヘビーユーザーは、行動だけではなくマインドもヘビーとなり他社や他ブランドへのスイッチを行わないのが大きな特徴だ。

## ②曖昧な顧客の意識構造の破壊

これもくり返しになるが、マスマーケティングをベースとしたマーケティングをしていると顧客の意識構造はいつまでも曖昧なままである。なぜなら、ヘビーユーザーになるための情報が不足しているからだ。

そのためユーザーリサーチをしても、曖昧な顧客の意識構造を知るだけで顧客とはそんなものと思ってしまう。

しかし、「潜在価値開発」を行って顧客をヘビーユーザー化できる「情報開発」をしたうえで、リアルな場面での顧客とのコミュニケーションによって、顧客の意識が劇的に変化する場面を間近に目撃すると、それまでの顧客像が一変する。

マスマーケティングによる顧客の意識構造は固定的なものではなく「潜在価値開発」で破壊できるのである。

## ③確固たるヘビーユーザーの意識構造づくり

マスマーケティングでつくった顧客の意識構造を破壊した後、新たにどのような意識構造をつくるか。「潜在価値開発」のゴールは、前にも述べているようにコミュニケーションによってヘビーユーザーとなる階層化された意識構造をつくることである。

階層化された意識構造とは「階層のメソッド」の次の４つの意識階層を実現することである。

## 階層のメソッド

第1階層「問題認識」　⇩　問題の重要性の認識　　需要創造戦略
第2階層「カテゴリー」　⇩　カテゴリーの優位性の認識　カテゴリーマネジメント戦略
第3階層「コーポレート」⇩　提供企業の信頼性　　コーポレートブランド戦略
第4階層「プロダクト」　⇩　商品サービスの優位性　プロダクトブランド戦略

ヘビーユーザーとはこれらを階層的・ストーリー的に認識していることである。つまり顧客が自分の抱えている「問題（ニーズや欲求）」に対して、自社の商品・サービスなどの「カテゴリー」に優位性があることを認識してもらい、「コーポレート」提供企業が信頼できる存在と認め、実際の「プロダクト」商品やサービスが欠かせないものと意識されるようにするのである。

ここは重要なポイントであるので1章で述べたマーケターの話をくり返しておきたい。

過日、あるマーケターから、第1階層や第2階層へのアプローチは業界のトップ企業ならまだしもナンバー2以下の企業には難しいのではないかという質問を受けた。

私は次のように答えた。

「確かに従来のマスマーケティングの発想では難しいように見えるかもしれません。大規模な広告やＰＲが必要だと思いがちだからです。しかし、今は方法があります。情報を構造化して一人にすべてを伝えさえすればいいのです。一人ずつヘビーユーザーの意識構造に変えていくのです。ヤクルトのようにそれをリアル化できる企業もあります。

リアルに伝えることが難しくてもデジタルマーケティングの時代なら同じことが可能です。デジタルの本質は個別対応できること。つまり『一対一の対話』ができるということです。今の時代は、例えトップ企業のように大がかりな広告・ＰＲができない企業でも第１階層の需要創造や第２階層のカテゴリーマネジメントができる時代なのです」

なぜ階層的・ストーリー的な情報がヘビーユーザーをつくれるのか。商品・サービスが購入される条件とヘビーユーザーの意識階層との関係性を見てみよう。

【図８】購入継続の条件と階層のメソッドの関係性

**購入継続の条件と階層のメソッドの関係性**

**（購入促進条件）**

必然性
- 普遍性 ― 人間の本性 ― 第１階層　問題の重要度
- 時代性 ― 環境変化 ― 第１階層　問題の重要度
- カテゴリー性 ― 第２階層　カテゴリーの優位性
- 自社 ― やる理由（歴史・理念）― 第３階層　コーポレートの信頼性

先進性
- 新しい解決策
  - 発想 ― 第３階層　コーポレートの信頼性
  - 新機能 ― 第４階層　プロダクトの優位性

高品質性
- 商品・サービスの機能 ― 第４階層　プロダクトの優位性

**（購入保障条件）**

信憑性
- 成功実例 ― 第３階層　コーポレートの信頼性
- 権威性 ― 第３階層　コーポレートの信頼性
- 歴史性 ― 第３階層　コーポレートの信頼性

関係性
- 認知・理解・共感・信頼 ― 第３階層　コーポレートの信頼性

**（購入継続条件）**

満足度
- 商品・サービス
  - 第４階層　プロダクトの優位性
  - 第３階層　コーポレートの信頼性

## 購入継続の条件と階層のメソッドの関係性

購入を継続させヘビーユーザー化させるには、購入促進条件と購入保証条件と購入継続条件の三つを満たさなければならない。

購入促進条件とは、なぜそのカテゴリーが必要なのかという必然性や、その商品が今までにない新しさを持っているという先進性、レベルが高いと感じさせる高品質性を併せ持っていることである。

購入保障条件とは、具体的な成功事例や受賞という他者から権威付けられている権威性、一過性のものではない長い歴史に裏付けられている歴史性などの信憑性、そしてすでに知られているという関係性などである。

購入継続条件とは、実際に使ってみての満足度である。

このように「潜在価値開発」がつくる4階層の情報は、購入の促進・保障・継続の必要条件をすべて満たすのでユーザーをヘビー化できるのである。

【図９】自社と顧客の潜在価値

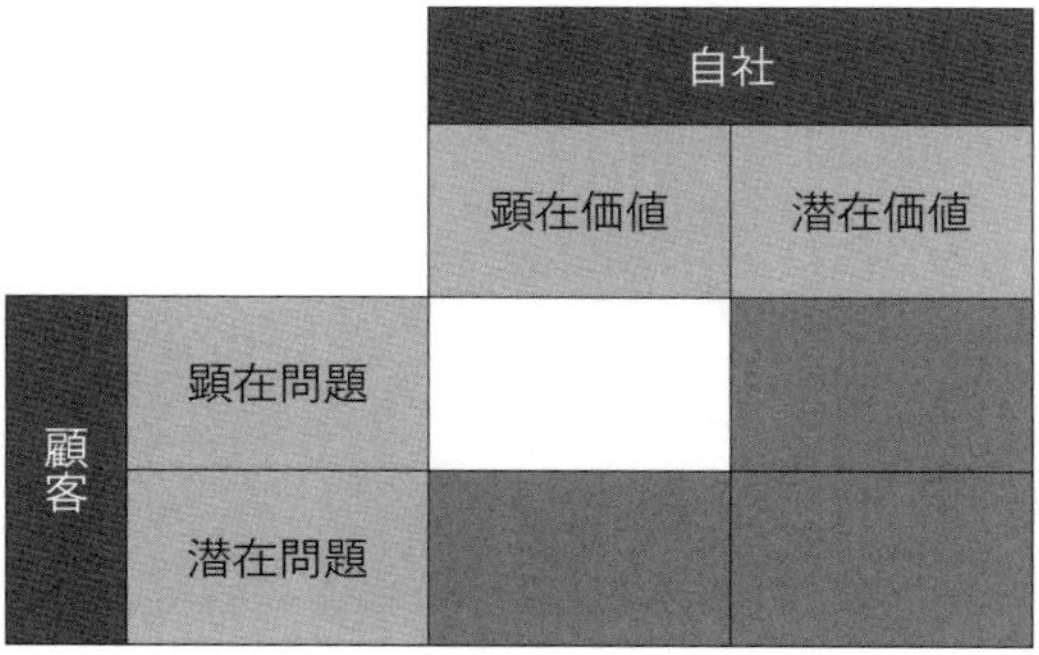


## 新しい戦略コンセプトの創造＝「潜在価値」

新しい戦略コンセプト創造の源になるもの。それこそ、これまで見えていなかった「潜在価値」を発見することである。

私たちが定義する企業における「潜在価値」とは、大別すると次の二つである。

①埋もれてしまっている企業の強み
潜在化した差別的優位性

②顧客の気づいていない問題
潜在問題

## 企業の価値は潜在化する

私は前職のヤクルト本社時代に気づいたことがあった。それは「企業の価値は潜在化する」ということである。

たびたび述べているように、人は自分を客観的に見ることは難しい。企業も人の集まりであるから、自社を客観的に見るのが難しい。従って自分の価値＝企業の価値に気づかずに埋もれてしまいがちである。

ビジネスやマーケティングコミュニケーションにおける企業の価値とは、自社独自の差別的優位性（現在価値）と、新しいビジネス機会の発見（未来価値）であるが、人間の本性からいずれも埋もれやすい（潜在化する）ものである。

これら潜在化している価値（潜在価値）を発見・活用（開発）することが、企業の拡大・成長のための継続的な差別的優位性をつくることにつながる。

ひと言で言えば「お宝は目の前にある」のである。気づいていないだけである。私はヤクルト時代に、この埋もれた潜在価値に気づき、それをベースとした戦略（当時は潜在価値開発理論の概念を構築する前だった）を実行することによって、大きな成果を上げることができた。

決して自慢話をする意図はないが、皆さんにも参考になることでもあるので、あくまで事実としてお伝えしておきたい。

ヤクルト時代、私は一貫してマーケティングを担当し、リサーチを通じて顧客と向き合ってきた。その中で企業の埋もれた潜在価値に気づいたのである。

「こんなものに価値があるとは」と社内の誰も思っていない、あるいは少数の社員が思っていても、それを今さら社内で価値共有しようと思わなかったものが「お宝」として眠っていたわけだ。

それらをリサーチで抽出し、効果を検証した上で、顧客の意識を変えることができるコミュニケーションステートメントをつくり上げたのである。

この潜在価値を発見してしばらく経った後、支店の営業責任者に異動になるとともに、販売子会社の取締役を兼務することになった。そのことによって販売子会社という格好のテスト市場を得たのである。

そこで販売子会社において潜在価値をベースにした戦略ですでに検証済みだった、顧客をヘビーユーザー化できるコミュニケーションステートメントを活用し、顧客の年間継続率の向上を目的とする実験を行ったのである。

その結果は劇的なものであった。通常の年間顧客継続率は75％ぐらいであるが、潜在価値開発をしたコミュニケーションでアプローチした顧客は継続率が95％に向上した。しかも顧客単価も10％向上したのである。

商品がリニューアルしたわけでも、購買条件が変わったわけでもなく、埋もれていた「潜在価値」を活用したコミュニケーションを行っただけである。

その後東京の本部に戻り、広告部長として商品全般の広告を担当することになった。まず、低迷するロングセラーブランドの広告を手掛けることとなり、結果を申し上げると、広告は店頭の売上が１７０％アップと大きな成果を上げた。プロモーションはＴＶＣＭに絞って実施したので効果は明白であった。

その要因は、「潜在価値開発」の手法で徹底してその商品の潜在価値を引き出し、それを広告に反映させたことにある。通常広告制作の準備期間は半年程度であるが、このときは「潜在価値開発」リサーチのために1年間の準備期間を取った。

もう一つは、これも低迷していた特定保健用商品を復活させようというプロジェクトである。このプロジェクトのポイントは、ヤクルトという企業にとって最大の資産である独自の販売チャネル「ヤクルトレディ」をどう活かすかであった。

それまで一度も試みたことがなかったダイレクトマーケティング手法を取り入れ、独自の販売チャネルとリアル媒体やネット媒体のすべてを融合させたコミュニケーション戦略を実施したのである。この結果、前年比200%と大きく売上を伸ばすことができた。

このように企業に埋もれている価値はかならずあるということだ。まずそれを発見し、活用することがいかに大きな効果をあるかということを学んだのである。

## 情報的価値が埋もれやすい

商品価値　①機能価値
②表現価値　―　情報価値
③表現価値　―　感覚価値

商品の価値は大きく分けると商品の性能そのものである「①機能価値」と、顧客のニーズや企業における開発発想などの情報である「②表現価値─情報価値」およびデザイン・映像・音楽など顧客の感覚に働きかける「③表現価値─感覚価値」の三つから成り立っている。根本的にはこの三つが統合されて商品価値となる。

これら三つの価値はそれぞれ顧客の心を動かすものである。①の機能価値や③の感覚価値は目に見えている顕在価値である。しかし②の情報価値は目に見えないものであり、埋もれやすいのである。本書では、特にこの埋もれやすい②情報価値に焦点を当てている。ただ、感覚価値も重要なものである。最終章の事例ヤクルトジョアでは、③の感覚価値の開発方法を取り上げているので参考にしていただきたい。

## なぜ潜在価値に気づかないのか

それほど大きな効果をもたらす「潜在価値」になぜほとんどの企業が気づかないのか。理由の一つには、自分のことを客観的に見るのは難しいという人間の本性からくる要因があるが、他には組織特有の要因もある。

《企業内コミュニケーションの特質》

企業内でのコミュニケーションは、かなり積極的なコミュニケーションを行っているように見えても、重要なキーワードの定義をまず議論・明確にし、前提を共有した上で議論されているケースはまずない。

同じキーワードを用いていてもお互いの前提や考え方が違っているのに、分かったつもりで話が進んでいく。このような状態であるから、いろいろ大事なものが明確に意識化されずに潜在化していくのである。この話を顧客企業も含め、各所でさせてもらうが、みんな「ハッ」としたような表情をして納得されることが非常に多い。

《部門間の考え方の違い》

価値をもたらすかもしれない社内仮説（潜在価値）が潜在化してしまう理由として部門

間の考え方の違いによる場合も多い。

研究開発から販売まで、その商品に関わるメンバーにインタビューを行うと研究開発側に重要なものが眠っていることが多い。なぜなら研究開発側の人間はそのことがマーケティングにとって有効な情報かどうか分からないことが多いからである。

また有効な情報であっても、それを難しい専門用語で語ってしまうため、マーケティング側が受け止めきれず消化できないことも少なくない。しかし、そこにある商品開発の発想やエピソードは消費者とのコミュニケーション上で非常に有効な情報であることが多いのである。また、それらが単に対象となっている商品だけでなく、全ての商品開発のベースとなっている発想である場合、顧客とのコミュニケーション上で非常に有効な情報であることが多い。

《戦略仮説も埋もれる》

あるクライアント企業では幹部社員20名ほどにインタビューを実施したが、その中に企業の今後の戦略を語ってくれた社員がいた。それは20人ほど聞いた中でも最も有効な戦略に思えたので「その話を社長にしていますか?」とたずねた。ところが「いや、話はしていない」ということだった。

この幹部社員は決して遠慮して話さないようなタイプの社員ではない。歯に衣を着せず何でも話をする社員なのである。そのような社員ですら自分の有効な戦略仮説を社内共有していなかったのである。

まして普通の社員ではなおさらだろう。かくして社内の戦略仮説は埋もれていくのである。また社員のほうで「これは社内で言っても仕方ない」と思って社内共有しないケースも多い。

## 考え方そのものから差別化する

従来のマーケティング理論は顕在的なもの(機能性・コスト・セグメンテーションなど)しか見ていなかった。そして常識的・合理的・効率的なものしか見ていない。それでは競合他社が考えていることと一緒である。

従って同じような領域で同じような戦いを強いられることになる。なぜなら発想の根本が一緒であるからだ。ここから抜け出すには「考え方そのもの」が他と違っていなければならない。

「潜在価値開発」の発想は、従来のものとは根本的に異なる。潜在価値・潜在問題・非合理・非常識・非効率に目を向け、それらを超越する「独自の表現価値」「超非合理・非効率」「超常識」を実現しようとするのである。

| | | | | |
|---|---|---|---|---|
| 従来の理論 | 顕在的 | 効率的 | 合理的 | 常識的 |
| 潜在価値開発 | 潜在的 | 非効率 | 非合理性 | 非常識 |
| | ⇩ | ⇩ | ⇩ | ⇩ |
| | （潜在価値の発見） | （超非効率性） | （超非合理性） | （超常識） |

従来のビジネス理論、マーケティング原理の領域（顕在問題・解決策あり）で戦う限り次のような戦いになってしまう。

それは「早い・安い・うまい」である。これは時間短縮化・低コスト化・高機能化を争うまさにレッドオーシャンであり出口なき消耗戦である。

それを避けようと、マイケル・ポーターの競争戦略理論では、「コストリーダーシップ・差別化・集中化」を取るよう教え、マーケティング理論では「セグメンテーション・ターゲティング・ポジショニング」を明確にするよう教えられる。

しかし、それらはすべて誰もが分かっている顕在問題・顕在価値の空間の中、ちょっとだけ位置付けをずらし、正面競争を避けようとしているだけに過ぎない。

あるいはブルーオーシャン戦略も企業の顕在価値から「加える・引く・増やす・減らす」という方法を提示しているが、ここにも潜在価値という概念はなく、顕在価値の範囲にとどまっている。

「潜在価値開発」は問題の次元を顕在問題から潜在問題に変えて、違う戦略空間をつくり出す戦略であり、まったく別物の考え方をするものである。

# 戦略フレームと11の戦略領域

「潜在価値開発」は「潜在価値」という新しい戦略コンセプトを創造し、それに基づいた唯一性創造の戦略フレーム（空間）をつくり出している。この戦略フレームは潜在価値開発の最も核である「創造のメソッド」である。

まずは、この戦略フレーム【図10】から唯一性創造の全体像をイメージしていただきたい。ここには11の戦略領域が広がっている。

その構成要素は唯一性のための４つの要素である「独自の蓄積資産の活用」「新次元」「超非合理」「超常識」が軸である。

「独自の蓄積資産」は「顕在価値」と「潜在価値」の２つに分かれている。

また、「問題」は「顕在問題」「潜在問題」「創造問題」の３つに分かれ、「解決策」は「すでにあるもの」「超常識」「超非合理」の３つに分け、問題×解決策の９マトリックスとなっている。合計で11の戦略領域である。

11の戦略領域のうち、既存戦略領域①②③が従来の競争戦略やマスマーケティングで扱

## 【図10】新しい戦略フレーム＝新しい戦略領域の創造

**唯一性**（差別的優位性） ＝ **独自の蓄積資産の活用**（真似できない） ＋ **新次元**（次元を変える） ＋ **超非合理**（真似したくない） ＋ **超常識**（できない）

### 独自の蓄積資産
（真似できない）

| | |
|---|---|
| 顕在 | **既存領域①**<br>• 商品・サービスの機能<br>• 顧客、取引先<br>• 販売実績<br>• 販売組織、ネットワーク<br>• 特許<br>• 設備（店舗、工場） |
| 潜在 | **新領域①**<br>• 社風<br>• コーポレートイメージストック<br>• ブランドイメージストック<br>• 創業者<br>• 歴史<br>• 企業理念<br>• 戦略発想<br>• 開発の発想、エピソード<br>• 販売の発想、エピソード<br>• 生産の発想、エピソード<br>• 品質管理の発想<br>• 技術力<br>• ノウハウ<br>• 実績（研究・受賞）<br>• 組織原理<br>• 人材開発の発想 |

### 問題×解決策 マトリックス

| | | | | 超非合理（真似したくない） | 超常識（できない） |
|---|---|---|---|---|---|
| | | | 解決策 | | |
| | | | 顕在価値 | やりたくない | できない |
| ②新次元（次元を変える） | 問題 | 顕在 | **既存領域②**<br>• 高機能<br>• 低コスト化<br>• 時間短縮<br>• セグメンテーション<br>• ターゲティング<br>• ポジショニング | **新領域④**<br>• 一見非合理・非効率なことをする<br>• 面倒なことをする<br>• カッコ悪いことをする | **既存領域③**<br>• 業界の常識への挑戦<br>• 矛盾の統合<br>• 異質なものの組み合わせ |
| | | 潜在 | **新領域②**<br>• 潜在問題の発見<br>• 提供価値の追求<br>• 新しい定義をする<br>• 新カテゴリーを創る | **新領域⑤** | **既存領域⑦** |
| | | 創造 | **新領域③**<br>• 新しい基準を創る<br>• 新しい目標を創る<br>• 新しい夢を創る<br>• 新しい世界を創る | **新領域⑥** | **既存領域⑧**<br>技術的イノベーション |

われてきた領域であり、それ以外の8つの領域は手つかずだったと言っていい。「潜在価値開発」はこの8つの戦略領域を新たに切り拓くものだ。

これからそれぞれの新領域について詳しく述べていくが、個々の話だけを取り上げると「こんなことは自分もやっている」「聞いたことがある」と思う読者もいるかもしれない。しかしそれは戦略化されていない個々の事例やノウハウのレベルに留まっているという点が抜けている。重要なのは戦略フレームに落とし込まれ、意識化・顕在化され、そして体系的に戦略化されていることである。

単なる個々の属人的なノウハウに留まっていては、再現性がなく活用しようがないということである。実際、成功したマーケターならこれから述べることの一部は既に行っているに違いない。だからこそ今までになかった戦略や表現をつくり出し成功しているわけである。ただ、それらは個人の能力としてブラックボックスの中にある。「潜在価値開発」はそのようなマーケティングの達人の〝秘密のノウハウ〟を顕在化させているといってもよい。

# 差別的優位性の新しい定義＝唯一性を実現する

ビジネスの成功要件として、最も重要なのは、言うまでもなく優位性である。優位性をつくるには差別化が必要であるが、独自性があり、希少性がなければ優位性とはなりえない。そして優位性の究極は〝唯一性〟である。大事なのは、この唯一性をどうやって実現するかである。

企業が唯一性を構築するには

①真似できないこと
②気づかないこと
③真似したくないこと
④できっこないこと

を発見し実行することである。この中の一つでも実現すれば絶対的優位性＝唯一性をつくることはできる。また①の真似できないことはこれだけで唯一性であるが、これらの要素を複合的に満たすことが実現できれば、唯一性となる。

実際の企業活動においてどのように実現するかというと、

①真似できないこと　　自社の独自の蓄積資産を発見し活用する
②気づかないこと　　顧客の潜在問題を発見する（問題の次元を変える）
③真似したくないこと　　面倒なこと・一見非合理・非効率なことをする
④できっこないこと　　世の中・業界の常識を超える

これらを「同時に行う」ことで企業の唯一性が構築される。

まず①の「真似できないこと」とは、その企業ならではのことであり、時間の蓄積で出来上がってきたものだ。例えば、創業者や創業何十年という歴史的なもの、エポックメイキングな出来事やエピソードはその企業独自のもので真似しようがない。

②の「気づかないこと」であるが、企業も顧客も気づいていないことがかならずあるものだ。つまり、顧客の気づいていない問題、潜在問題を発見することである。
後に説明するが、顧客がそれまで問題と認識していなかったことでも「新たな問題」として創造し、その解決策となる顧客の価値を提示できれば唯一性はつくれる。そうすれば、他社よりも早めの対応ができ、時間先行的な優位性をつくることができるからだ。

③の「真似したくないこと」は、面倒なこと、一見非合理・非効率に見えること、お金のかかること、時間のかかることなどである。これらは誰しも積極的に真似したくない。誰もやりたがらないからこそ唯一性がつくれる。

④「できっこないこと」とは、業界の常識を超えることである。いわゆるイノベーションを起こすことがそれにあたる。この部分に関しては従来から言われている優位性をつくる重要な要素である。
しかし、これがあまりに強調されすぎていることが逆に唯一性の構築を妨げている。
レッドオーシャン的な微細な機能差の追求か、それを超えていきなりイノベーションという2択的な話になりがちなのである。そして微細な機能の差では優位性をつくれず効果はなく、イノベーションはそもそもそう簡単にできるわけではない。そうすると手詰まりということになってしまう。

現実的に、①真似できないこと、②気づかないことの要素が忘れられていることが多い。実際に企業の方の話を聞けば聞くほど、本来であれば成功要因となる①②③の要素が手つかずになっているのがよく分かるのである。

「潜在価値開発」では、分かりきっている顕在問題・顕在価値の次元にある競争優位性を超える「唯一性」を実現することを目指している。決して同じ次元で争わないのである。

## 戦略領域の拡張
## 企業の潜在価値＋問題×解決策マトリックス

従来型ビジネス戦略、マーケティング戦略はみんなが見えている顕在問題の範囲において、競合と同じ次元でいかに優位性の差異をつけるかの戦いだった。

- 「早い・安い・うまい」の微細な機能差と価格差　　競争戦略
- 範囲を絞る・独自の位置づけ　　セグメンテーション・ポジショニング
- いままでにない新しいものをつくるイノベーション　　イノベーション

ここから戦略領域を「潜在価値開発」による唯一性の実現という考え方で、

①企業の蓄積資産を発見する　　企業の蓄積資産活用
②気づかない問題を発見する　　潜在問題の発見
③問題を創造する　　創造問題
④非合理・非効率を超える　　超非合理

といったところまで拡張する。当然、競合とは戦略の次元が異なるため、同じ土俵で戦うことなく唯一性を獲得することができる。

このように「企業の埋もれた蓄積資産」と「顧客の気づかない問題」こそが潜在問題であり、**これを発見するのが潜在価値である。**

では拡張するそれぞれの戦略領域について個別に解説をしていこう。

## ①企業の潜在価値　―独自の蓄積資産の活用

《既存戦略領域①　顕在的蓄積資産》

- 商品・サービスの機能　・顧客・取引先　・販売実績　・販売組織
- ネットワーク　・特許　・設備（店舗・工場）

《新戦略領域①　潜在的蓄積資産》

・社風　・コーポレートイメージストック　・ブランドイメージストック　・創業者
・歴史　・企業理念　・戦略発想　・開発の発想　・開発エピソード　・販売の発想
・販売エピソード　・生産の発想　・生産エピソード　・品質管理の発想　・技術力
・ノウハウ　・実績（研究、受賞）　・組織原理　・人財開発の発想

まず新戦略領域①として取り上げるのは、「潜在的蓄積資産」である。

こうして並べてみても分かるように、企業の価値は潜在化しやすいものである。顕在的な価値に比べて潜在的な価値のいかに多いことかを改めて思い知らされる。まずそれを発見することが「潜在価値開発」の最初の出発点である。

企業の顕在価値とは、いうまでもなく目に見えるものだ。「商品・サービス」「顧客」「取

引先」「販売組織」「設備（工場・店舗）」などである。一方、企業の潜在的価値とは、いうならばこれらの顕在価値を創り出している元になるものである。

なにより「創業者」がいなければ企業は立ち上がっておらず、歴史がなければここまで企業が存続していないわけである。さらに企業の開発・生産・販売の考え方がしっかりしていなければ顧客の信頼は得られなかっただろう。しかし、時間が経つにつれて、それらは当たり前になり埋もれてしまうのである。

皆さんの中には、これらは本当に優位性につながるのかという疑問が少なからずあろうかと思う。しかし、**実際にこれらの潜在価値を抽出して消費者の評価を取ってみると、顧客の心を動かす重要な情報であることが多い**のである。ここであげたように潜在的蓄積資産は数多くあるが、その中でも特に重要なものだけを取り上げて述べてみたい。

## 開発の発想

特に「開発の発想」はもっとも有効な潜在価値であり、非常に顧客の心を動かす情報である。クライアント企業である化粧品会社の顧客や未顧客でリサーチをしたときもそうだった。

その企業は今まで業界で解決できなかった問題にチャレンジしていくというフロンティアスピリッツをもっていることが潜在価値開発を行う中で浮かび上がってきた。

こうした開発の発想に顧客が共感すると、その企業に対する信頼度が急激に高まり、極端に言えばその企業の商品なら何でも買うという状態になったのである。このように商品の機能だけではない領域に優位性をつくれるものが潜在しているのである。しかもこれが他社が真似しようがない歴史的な経緯を持ったものであれば、唯一性の実現ができる。

この企業の場合はその発想が創業者と結びついていたため、まさに唯一性であった。

## 社風

社風ほど自分たちで自覚しづらいものはない。自覚しづらいから潜在化する。社風はコミュニケーション戦略に活かせるなどとは思えないので最も埋もれやすい潜在価値のひとつである。しかしこれを顕在化し表現化できれば、大きなコミュニケーションの武器となりうるのである。

6章の活用事例で詳しく述べるが、私たちが「潜在価値開発」でお手伝いしたクライアントに丸紅系の情報通信プラットフォーム企業でアルテリアネットワークスという会社がある。このコーポレートブランディングを支援したときのことである。

最初の打ち合わせをして、まず社員インタビューを実施するので対象者を役員・本部長クラスの方から20人ほどを選定して、「インタビューのスケジュール組んでください」と依頼した。それが週中の水曜であった。

私は、役職の高い人も多いため早期のスケジュール調整は難しいだろうと思っていた。ところが驚いたことに、翌週の月曜から1週間の期間でインタビューのスケジュール化が完璧にできていた。今までこんな会社はなかったのである。これはなんとスピーディな会社だと感動した。

さらに実際にインタビューをしてみると対象者は例外なく非常に協力的で率直に意見を聞かせてくれたのである。このスピード感と柔軟な感触から、私の中には「しなやか」という言葉が浮かび上がってきた。そしてこの言葉は、コーポレートブランディングを進めていく上で、最も重要なキーワードとなったのである。

こうした社風は企業の目に見える顕在価値をつくりだしている根源ともいえる潜在価値である。しかしそのようなことは自分達で自覚することは難しい。従って表現されることもない。このような重要なものが表現化されず多くの企業で埋もれているのである。

## 「生産の発想」という潜在価値

野菜飲料メーカーであるカゴメは皆さんもよくご存知であろう。それでは、次のような事実をどれだけ認識されておられるだろうか。

カゴメではトマトジュースを生産するにあたり、原材料確保と農家の安定経営のために農家と全量買い取りの契約をしている。これは単に、その時々の安い原材料を調達するという効率だけを考えた発想ではなく、むしろ農家との長期的な信頼関係を重視した考え方である。こうした企業の生産・調達における根本発想を消費者調査で評価してみると、商品の機能以上に評価されるのである。

このように消費者は単に商品の機能だけでなく、企業の発想、哲学を評価するのである。

もちろん企業の哲学などに関心を持たない顧客もいるが、ヘビーユーザーとなりうるのはどちらの顧客であろうか。それは自明なことではないかと思う。

## 組織原理という潜在価値

組織を動かす「組織原理」は、ＢtoＣのコミュニケーションではあまり有効ではないが、ＢtoＢ企業においては有効に機能する場合がある。

例えば、京都の世界的分析・計測器械メーカー「堀場製作所」にはビジネスオーナー制度というものがある。これは一見ブランドマネージャー制に近いように見えるが、まったく仕組みが異なるものだ。

ブランドマネージャー制ならば大体それなりの予算と組織があるが、ビジネスオーナーには「予算もなく、部下もおらず、命令系統もない」。知恵と情熱だけで組織を動かせ、ということなのである。実に強烈な組織原理ではないだろうか。

担当させられた社員にとっては大変な試練であるが、実際にビジネスオーナーにお会いしてみると、いずれも腹の座った猛者に成長していた。人材を育成するための強烈な組織原理であり、このことを「堀場製作所」の顧客にお話しすると決まって「すごい会社ですね」と評価が高まるのである。

つまり顧客にとっては、他では真似のできない強い組織原理で鍛えられた社員がいることは、自分たちの課題解決や要望を満たしてくれるであろうという期待に変わるからである。

## 潜在価値開発の領域
## 問題×解決策マトリックス

ビジネスは社会的問題解決と考えることもできるが、「問題」と「解決」を分けて考えるほうが戦略的な選択肢は広がる。

問題領域――　既存戦略領域②「顕在問題」・新戦略領域②「潜在問題」・新戦略領域③「創造問題」

まず縦軸の「問題」の領域であるが、問題は「顕在問題・潜在問題・創造問題」に分け

## 【図11】問題×解決策マトリックス

**問題×解決策 マトリックス**

| | | | | |
|---|---|---|---|---|
| | | | 超非合理（真似したくない） | 超常識（できない） |
| | | 解決策 | | |
| | | 顕在価値 | やりたくない | できない |
| ②新次元（次元を変える） 問題 | 顕在 | **既存領域②**<br>• 高機能<br>• 低コスト化<br>• 時間短縮<br>• セグメンテーション<br>• ターゲティング<br>• ポジショニング | **新領域④**<br>• 一見非合理・非効率なことをする<br>• 面倒なことをする<br>• カッコ悪いことをする | **既存領域③**<br>• 業界の常識への挑戦<br>• 矛盾の統合<br>• 異質なものの組み合わせ |
| | 潜在 | **新領域②**<br>• 潜在問題の発見<br>• 提供価値の追求<br>• 新しい定義をする<br>• 新カテゴリーを創る | **新領域⑤** | **既存領域⑦** |
| | 創造 | **新領域③**<br>• 新しい基準を創る<br>• 新しい目標を創る<br>• 新しい夢を創る<br>• 新しい世界を創る | **新領域⑥** | **既存領域⑧**<br>技術的イノベーション |

られ、通常はほとんどの人が顕在問題しか意識していない。

「顕在問題」とは、すでに業界の誰もが問題と認識していること。例えば飲料業界なら、健康的機能・嗜好的機能ということになる。

「潜在問題」とは、顧客も企業も認識していない問題。これは後ほど詳しく説明したい。

さらに「創造問題」とは、問題は存在するだけでなく、創り出せるものであるということだ。

## 既存戦略領域② 目に見える顕在問題

- より優れたものをつくる　高機能
- コストを安くする　低コスト化
- 時間が短縮できる　時間短縮
- 対象範囲を絞る　セグメンテーション
- 誰の、どんな時、どんな問題　ターゲティング

- 既存の選択基準の中で独自の位置づけをつくる　　ポジショニング
- 見えているものを変える　　　　　　　　　　　　加える　引く　増やす　減らす

もっとも扱いやすいのは「顕在問題」であるが、目に見えるものだけに誰しも意識している問題である。そうなると勝負は「早い＝時間短縮」「安い＝低価格」「うまい＝機能が高い」ということになる。

この領域はいうまでもなくレッドオーシャンの消耗戦である。この中で圧倒的に勝ち抜けるというのならそれでもよいが、そうでないのであれば戦略領域を変えることが必要である。

また、この領域のなかで範囲を絞ったり（セグメンテーション・ターゲティング）、独自の位置づけ（ポジショニング）ということが考えられるが、戦略領域を変えるということと比べると効果は低いと言わざるをえない。

## 新戦略領域②③　問題に対する深い洞察と新しいコンセプトメイキング

問題の新次元である新領域②「潜在問題」と新領域③「創造問題」は潜在価値開発の最も重要な戦略領域である。新領域①の「潜在的な蓄積資産」の抽出は社員インタビューによって発見するわけだが、これは発見すればいいだけのこととも言える。もちろん埋もれているものを発見するのは簡単ではない。

しかし新領域②「潜在問題」と新領域③「創造問題」は埋もれたものを発見するというだけではない。より深い洞察と創造が必要となる。収集した情報に基づいた問題に対する深い洞察と新しいコンセプトメイキングが必要となる

そしてそれをさらに深掘りしていくとコミュニケーションの革新のみならず商品開発やビジネスモデル革新につながるものも見えてくるのである。

郵便はがき

料金受取人払郵便

代々木局承認

3251

差出有効期間
2020年2月
1日まで

151-8790

203

東京都渋谷区千駄ヶ谷4-9-7

株式会社 幻冬舎メディアコンサルティング

「潜在価値マーケティング」係行

| | |
|---|---|
| お名前（ふりがな） □男・□ | |
| ご住所　〒 | |
| メールアドレス | |
| 生年月日　年　月　日 | ご職業 |
| 業種 | 役職 |

ご記入いただいた個人情報は、許可なく他の目的で使用することはありません。

書を知ったきっかけは？ あてはまる答えに○を付けてください。

書店で見て　　b 新聞で見て（掲載紙名　　　　）

知人にすすめられて　　d 雑誌で見て（掲載誌名　　　　）

プレゼントされて　　f インターネットで見て（ HP ・ メルマガ ・ ブログ ）

書を購入された理由は？ あてはまる答えに○を付けてください。（複数回答可）

タイトルにひかれた　　b 内容・テーマに興味があった

著者に興味があった　　d デザインにひかれた

話題となっているから　　f 値段が手頃だった

その他（　　　　）

書の評価は？ あてはまる答えに○を付けてください。

| | | | | | |
|---|---|---|---|---|---|
| イトル | a 非常に良い | b 良い | c 普通 | d 悪い | e 非常に悪い |
| ザイン | a 非常に良い | b 良い | c 普通 | d 悪い | e 非常に悪い |
| 容 | a 非常に良い | b 良い | c 普通 | d 悪い | e 非常に悪い |
| 格 | a 非常に安い | b 安い | c 普通 | d 高い | e 非常に高い |

きな本のジャンルは？ ＿＿＿＿＿＿＿＿

書の感想をご自由にお書きください。

＿＿＿＿＿＿＿＿＿＿＿＿＿＿＿＿

＿＿＿＿＿＿＿＿＿＿＿＿＿＿＿＿

＿＿＿＿＿＿＿＿＿＿＿＿＿＿＿＿

＿＿＿＿＿＿＿＿＿＿＿＿＿＿＿＿

＿＿＿＿＿＿＿＿＿＿＿＿＿＿＿＿

＿＿＿＿＿＿＿＿＿＿＿＿＿＿＿＿

寄せいただいたご感想を広告等に掲載してもよろしいですか？

□実名で可　□匿名なら可　□不可

ご協力ありがとうございました。

## 新戦略領域②　潜在問題の発見

- 気づかない問題を発見する　　潜在問題の発見
- 提供価値の本質を追求する　　提供価値の本質追求
- 新しい定義をする　　カテゴリーの新定義
- 新しいカテゴリーを創る　　新カテゴリーを創る（ブランディングの究極）

では「潜在価値開発」において重要な「潜在問題」とはなにか。

問題は「顕在問題」「カテゴリーの潜在問題」「カテゴリーを超える共通の潜在問題」の三層構造になっている。

例えば化粧品で言えば、顕在問題とは「乾燥」「しわ」「シミ」などの明確に自覚できる問題であるが、より顧客を深く探っていくと、次のような問題が潜在していることが分かる。

「自分の肌のことが本当は分からない」。そのために「自分のスキンケアが正しいかどうか自信がない」「ほかにもっと自分に合っているものがあるのではないか」というような、化粧品で直接解決したい問題を超えるカテゴリー的な潜在問題があるのである。

さらにはカテゴリーを超えた潜在問題として、「自分のことをよく分かっているプロフェッショナルにすべてを任せたい」という問題、ニーズがある。このような「潜在問題」をしっかり把握できている企業はそう多くない。

カテゴリーを超える共通の「潜在問題」の例を挙げておこう。エステのヘビーユーザーのリサーチをしたときのことである。

リサーチの目的は半年前にエステのコースを一新し、価格も値上げしたため、それをユーザーがどう評価しているかを知るためであった。そこで「今どのコースをお使いですか?」と聞いたところ、ユーザーから思いもよらない答えが返ってきた。「分からない」というのである。つまり顧客は自分の担当の信頼できるエステティシャンにすべてを委ねていて、自分がどんな内容のコースを受けているのか詳しく知ろうともしなかったのである。

男性の場合、エステではピンとこないかもしれないのだが、例えば料理店・居酒屋などに行くときのことを考えれば同じような「潜在問題」が見えてくる。

料理店・居酒屋を選び、この店で大丈夫なのか、どの料理がいいのかといちいち考えるまでもなく、理想は「お任せ」である。自分のことをよく知っている店主にすべてを任せて、何も言わなくてもうまい料理が出てくるというのが潜在的な欲求であり「問題」なのである。

つまり、究極のニーズは「自分のことをよく分かってくれているプロフェッショナルにすべてを任せたい」ということだ。

これは属人的要素の強い居酒屋やエステなどの高額商品に限らず、本来どんなカテゴリーにも当てはまると思われる。鍵となるのは、自分（顧客）のことがよく分かってくれているそのカテゴリーのプロフェッショナルと思われるかどうかである。

**顧客は、自分の抱える問題や欲求に該当するカテゴリーのプロフェショナルを潜在的に探していて、そこにぴったりと当てはまる存在が見つかれば「すべて任せて自分では考えたくない、悩みたくない」と思っている。**それこそが顧客の「潜在問題」であり、潜在ニーズなのである。

ネット時代となり、情報は幾何級数的に増加し溢れかえっている。顧客にとっては十分な情報があり、その情報を活用して最適な判断ができるはずだが実際はどうだろうか。

私が、数多くのリサーチによって顧客の声を聴く限り、逆の様相が見てとれる。顧客はこの情報洪水の中で溺れているのだ。もちろん、こうした多くの情報を使いこなしている人もいないわけでない。しかしそれはごく少数である。

大半は情報洪水で溺れて助けを求めている。どの情報を信じていいのか分からず、心の奥底には不安が渦巻いているのである。不安から逃れたい。そのために誰かに頼りたいと思っている。そうした依存欲求は強くなっているのだ。そのためエステのヘビーユーザーのように担当のエステティシャンにすべてをお任せしたいのである。根本のニーズはそのような不安心理からくる依存欲求にも裏付けられているということだ。


潜在問題はリサーチをしていても顧客の言葉として直接的に出てこない場合もある。リサーチにおける顧客の声から洞察して抽出するという場合が多い。このあたりは消費者インサイト論と重なる部分ではある。

このようなカテゴリーの共通の潜在問題は消費者の言葉として出てくるわけでない。消費者の反応から洞察したものである。それも一つのリサーチからではなく、いくつかのリ

【図12】潜在問題の構造

**化粧品の場合**

**顕 在 問 題**

乾燥・シミ・しわ

**カ テ ゴ リ ー 潜 在 問 題**

自分の肌のことが分からない
自分に合うものが分からない
自分のケアが正しいどうかが分からない

**共 通 潜 在 問 題**

| | |
|---|---|
| どの情報を信頼していいか分からない | 不安心理 |
| | ⇩ |
| 不安から逃れたい | 不安回避欲求 |
| | ⇩ |
| 頼るものが欲しい | 依存欲求 |
| | ⇩ |
| すべてを委ねたい | 専門家に任せたい |

サーチの情報から洞察したものであり、その洞察をユーザーリサーチによって検証したものである。洞察はあくまで仮説であり、検証が必要なのである。

## 提供価値の本質を追求する

「潜在価値」は「顕在価値」に比べて、より本質的、根源的な価値であるとも言える。すなわち、そこにアプローチすることによって表面的提供価値にとどまらず、新しい戦略を生み出すことにつながる。提供価値の構造とは「手段・機能・問題解決・目的」の4段階に分かれる。

例えば、野菜ジュースでいう商品とは「手段」であり、「機能」は「30種の野菜を摂取できる」、「問題解決」は「野菜不足を補う」、目的は「栄養のバランスを取って、健康を維持する」ということである。

化粧品であれば、商品は「手段」であり、「機能」は「肌の保湿」、「問題解決」は「乾燥肌の改善」、「目的」は「美しくなる」ということであり、なぜ美しくなりたいかと言えば「自信を持って生きられる」ということだ。

このように手段としての商品だけにとらわれるのではなく、機能を超えた「真に解決したい問題」や「本当に実現したい目的・目標」を追求し明確にすれば、顧客に伝える言葉は変わってくるはずである。

また提供価値の本質を追求していくと新しい提供手段が必要になってくる場合もある。それは新領域⑤「潜在問題」×「真似したくないこと（面倒なこと）」への移行である。

ここで前職のヤクルトであった例を紹介したい。

乳酸菌飲料の目的は腸の健康を維持することであるが、いくら乳酸菌飲料をしっかり飲んでいても、まったく身体を動かさないという生活習慣では腸の健康は維持できない。そこで、顧客の腸の健康維持のためにウオーキング教室を企画したところ、多くの顧客の応募があった。すると顧客から、

「ヤクルトさんはヤクルトを売るだけでなく、そこまで考えてくれているのね」

という声をいただいた。確かに手間のかかることではあるが、顧客のヘビーユーザー化に大きく寄与することになったのである。

提供価値の本質を追求することは、コミュニケーションの革新さだけでなく、ビジネスモデルの革新につながることにもなるのである。

| | | |
|---|---|---|
| 手段（商品） | 野菜ジュース | 化粧品 |
| 機能 | 30種の野菜が摂れる | 肌の保湿をする |
| 問題解決 | 野菜不足を補う | 乾燥肌問題を解決する |
| 目的 | 生活習慣病を予防する | 美しくありたい |
| 目標 | 健康で元気でありたい | 自信をもって生きたい |

## 新しい定義をする

「潜在価値」を探り出し「潜在問題」を発見するために、言葉の新しい定義をすることも重要である。従来カテゴリーにとらわれずにカテゴリーの定義をし直すことによって、新たなコミュニケーションの可能性が広がるのである。

企業の中で、同じ言葉を使って会話していてもそれぞれの考えていることが違っていることは非常に多い。通常、社員同士の会話では言葉の定義を明確にすることはせず、分かったつもりで会話していることがほとんどである。従って言葉の定義は極めて曖昧なのである。

また、顧客も分かっているだろうと思い込み、十分な説明をしていないこともある。

私も「潜在価値開発」の際にクライアント企業において多くの社員の方にインタビューを行う。しかし、それぞれの事業の専門家ではないので、分からない言葉があれば当然質問するわけである。

「〇〇とは、どういう意味ですか？」

と聞くと、その事業に携わる人たちにはあまりに当たり前に皆が使っている言葉・用語であるため、明確に定義しておらず言葉に詰まったり、人それぞれいうことが違ったりすることが多い。

従って、「この言葉は明確に定義したほうがいいですよ」とアドバイスすることも度々ある。

このように人によって定義がバラバラな言葉はカテゴリーを表す言葉が多い。だからこそ従来カテゴリーにとらわれずに、カテゴリーの定義をし直すことによって、新たなコミュニケーションの可能性が広がるのである。

提供価値の追求から、カテゴリーの定義が変わる場合もある。例えば、化粧品は美しくなるためのものという定義がある。では美しくなるのは何のためか。それは女性が自信を持って生きるためである。つまり化粧品は女性が自信を持って生きてもらうためのものと再定義することもできる。

そうするとコミュニケーションも変わってくる。単に機能を訴求するのではなく、自信をもって生きるためにはというコミュニケーションも必要となる。また「自分らしく生きるためのもの」と定義することもできる。自分の本来持っている肌のチカラを活性化するということだ。

そうした考えに基づいた新商品開発をすれば、新領域⑦「潜在問題」×「超常識」への移行にもなる。新しいカテゴリーの定義は、新しい商品開発というイノベーションを生み出すきっかけにもなりうる。

## 新カテゴリーをつくる

新カテゴリーをつくることとは、非常に重要なコミュニケーション開発となる。また、究極のブランディングでもある。従って、新カテゴリーをつくることをブランディングと結び付けてお話ししたい。

ブランディングという言葉は、マーケティングに携わる人間にとって、もっとも使われている言葉であろう。

しかし「ブランディングとはなにか」と聞かれて、明確に答えられる人はどのくらいいるだろうか。改めて自分で振り返ってみても、意外に曖昧なのではないかと思われる。

既に述べたように、何事も明確でないものは実現できない。ゴールがはっきりしていなければ辿りつくことはできないのである。

「ブランディングとは、対象顧客に自分の思ってもらいたいように思ってもらうこと」である。では、どのようにして「思ってもらいたいように」思ってもらえばいいのか。よく言われることに、「〇〇〇なら●●●」と思ってもらうのが、ブランディングだという考えがある。

まさにその通りではある。●●●は、ブランド名・企業名であるため明確である。では○○○とはいったい何だろうか。

私の前職でいえば○○○に入るのが「乳酸菌飲料なら」となる。つまり「乳酸菌飲料ならヤクルト」と対象顧客に思ってもらいたいわけだ。


これが、いわゆるブランディングが完成している状態だが、この意味するところは非常に深い。

「ヤクルトは乳酸菌飲料のパイオニアであり、カテゴリーナンバーワン商品である」ということまで含まれている。つまり、「カテゴリーのナンバーワンである」と顧客に認識してもらっていることになる。

そうするとブランディングの定義とは「カテゴリーのナンバーワンと思ってもらうこと」になるのである。

しかし、カテゴリーのナンバーワンと思ってもらうのは容易ではない。まして既に出来上がっている既存カテゴリーでは不可能に近いことが多い。そうであるなら目指すことは、

**「既存のカテゴリーでナンバーワンを獲りにいくのではなく、新しいカテゴリーをつくり、そこでナンバーワンになる」**というものだ。

さらに言えば「自社がナンバーワンになれるカテゴリーを創る」ということである。つまり、ナンバーワンになれるように、範囲設定をする、カテゴリーを決める、ということである。

全国でナンバーワンは難しくとも、どこかの地域でナンバーワンになることや、サブカテゴリーを創りそこでナンバーワンになる、などである。

古典ではあるが典型的な大成功事例はビール市場において「ドライビール市場」を創り、そこでナンバーワンとなった「アサヒ・スーパードライ」が挙げられる。

私の会社「ビモクリ」でも目指すべきところは共通している。だからこそ「潜在価値開発」という新しいビジネス理論のカテゴリーを創ったわけだ。自分で創ったカテゴリーなのだから、ナンバーワンに決まっている。

「潜在価値開発なら、ビモクリ」となるわけである。そして「ビモクリ」を認知してもらうのではなく、「潜在価値開発」というカテゴリーを認知してもらうのである。

つまりブランディングの定義は、**「ブランディングとは、自分がナンバーワンになれるカテゴリーを創り、これを認知してもらうことである」**と言える。

このように「新カテゴリーを創る」ことは、究極のブランディングであり、もっとも重要なテーマであり、目標なのである。

## 新戦略領域⑤　問題は創造できる

〈問題の創造〉

- 新しい基準を創る　　問題の創造
- 新しい目標を創る　　ビジョンの創造
- 新しい夢を創る　　夢の創造
- 新しい世界を創る　　新世界創造

「潜在問題」を発見することは「潜在価値開発」にとって重要であるが、顧客のより深いところにまでコミュニケーションする必要があり、簡単ではない部分もある。ならば、困難に立ち向かっていかなければ「潜在問題」には辿り着かないのかというと、そうではない。なぜなら「問題は創造できる」からである。

ただし、そのためには「問題の本質」を理解できていなければならない。では、そもそも「問題」とは何だろうか？

この問いに即答できる人は案外少ない。シンプルでありながら根本的なこの問いに答えるのは誰しも難しいのである。

私が講師をしている「潜在価値開発」セミナーでも、かならず同じ質問を受講生の皆さんに投げかける。すると、ほとんどの方が言葉に詰まってしまう。「問題とは、困っていること」と答える方も少数だがおられる。

もちろん、それも間違ってはいない。だがそれでは「顕在的」な問題の領域を完全に抜け出せていない。

**本来の「問題」の定義は「基準とのギャップ」である。**意識されている、されていないは別として、何らかの基準があり、その基準とのかい離（ギャップ）があるから、問題と

【図13】２つの問題を生む「基準とのギャップ」

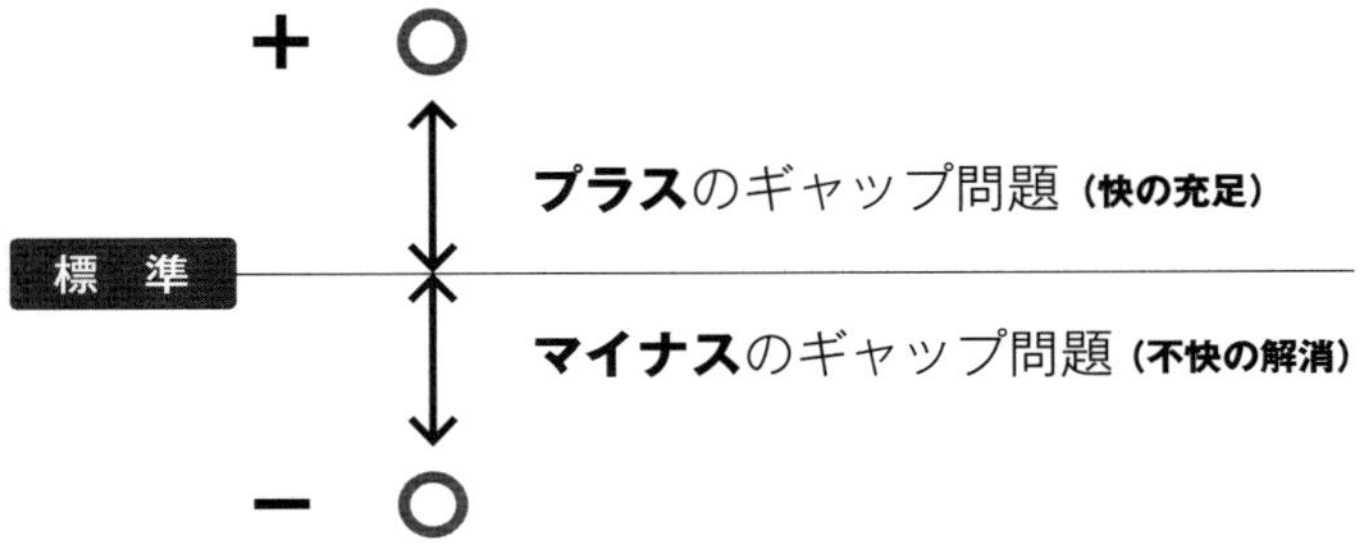


感じるのである。

「困っていること」も、なにかうまくできるはずという基準からみてうまくできないので困っているわけである。

例えば、学生時代に学力テストを受け、自分の偏差値が40だったとする。50が標準であるから、40は標準以下となり「問題」ということになる。標準である50という基準があり、その基準とのかい離＝ギャップがあるために問題ということになる。

〈不快の解消問題・快の充足問題〉

基準とのギャップから生まれる問題は２種類ある。「不快の解消問題」と「快の充足問題」

である。

基準以下で基準とギャップがある場合は、マイナスのギャップ問題ということになり、これは非常に不快であるため「不快の解消問題」ということになる。

一方、基準以上のこと、つまりやりたい夢や目標などの達成を求めていくことは、先ほどと違い不快な感情があるわけでなく、よりプラスにするという問題であるから快を求めていくことになり、これは「快の充足問題」ということができる。

みんなより成績が劣っているものを追いつきたい、であるとか、みんなより肌が汚れているのを解消したいのは「不快の解消問題」であり、資格を取って評価されたいとか、人より早くトレンドのメイクを取り入れたいというのは「快の充足問題」である。

## 基準をつくれば、問題が発生する

頭の回転が速い方は気づかれたかもしれないが、何らかの基準とのかい離、ギャップが問題だとすれば「問題は創る」ことが可能だということになる。

つまり、**これまでなかった「新たな基準」を提示すれば、そこに「新たな問題」が発生する**わけである。問題が発生すると、そこには新たに解決すべきビジネスも生まれる。基準をつくれば問題＝ビジネスは創造できるわけである。

新しい法律ができたり、法律が変わったりするとビジネスチャンスが生じるが、それも新たな基準ができたことによって、基準とのギャップから「問題」が生まれ、その問題を解消するビジネスが生まれるのと同じ原理だ。

個人情報の保護に関する法律など企業コンプライアンスを強化せざるを得ない新たな法律ができたことで、基準とのギャップ解消を企業は迫られ、そこにＩＴセキュリティ関連などのビジネスが生まれたのである。

ただし、そういったものには多分に他力本願の要素がある。マーケターであれば、自らが主体的に「基準」を創り、「問題」を創ることを考えなければならない。

そういったことを意識的に実践しているのが、医薬品業界である。

「〇〇は病気です。お近くの病院でご相談ください」という新しい基準づくりを常にやっている。また、基準を変えることについても意識して行っているように見える。

代表的な例が「高血圧」の事例である。現在、高血圧の基準は、日本高血圧学会によって最高血圧（収縮期血圧）１４０以上を高血圧の基準としているが、10年以上前は１８０以上であった。

その当時、降圧剤市場の売上は約２５００億円だったが、正常な最高血圧の基準値を１４０以下に変えたことによって1兆円に伸びたのである。これが「良い事例」と言えるかどうかは疑問ではあるが、発想という点で見て「新しい基準を創る」「基準を変える」ことがビジネスを創るという典型的な事例である。

このように、常に新しい基準を創れないか、今までの基準を変えられないかということを考えてみるのは、新しいビジネスをつくり、大きな飛躍を可能にする方法であることは間違いない。

## 新しい目標や夢をつくる

新しい基準をつくるというのは、問題を創造する基本的方法であるが、やや論理的なやり方である。しかし新しい目標や夢をつくるというのはより感情を刺激する内容である。

かつてアメリカが掲げた「月に行く」というような新しい目標は心踊る目標であり、人類の新しい夢であった。現代においては訓練された宇宙飛行士だけはなく、普通の人が宇宙旅行をするという新しい夢が生まれている。これほど壮大な目標でなくても新しい目標や夢は新しい問題を創造するものである。

## 新しい世界をつくる

新しい世界をつくるとは、例えばディズニーランドのようなものである。これはまさに大人も楽しめるテーマパークという新しい世界をつくっているという典型的な事例である。ただし、ディズニーランドにおいても具体的・物理的なものだけが新しいものをつくるわけではない。新しい価値観や哲学の提案が新しい世界をつくるといってもよい。

これは広告業界でよく使われる「世界観」という言葉ではない。世界観という言葉は、広告の現場で安易に使われすぎている。ただの雰囲気レベルを世界観と称しているケースがほとんどである。本当に世界をつくりだしているのかという不快感を禁じ得ない。やはり根底に思想や哲学がなければならない。

最近、新しい世界をつくっているなと感じた面白いプロジェクトを知った。「注文をまちがえる料理店」というプロジェクトである。これは認知症の方がウエイター・ウエイトレスをしている料理店であり、普通の料理店であれば注文を忘れたり間違えたりするとクレームになるが、この料理店の場合は注文を間違っても誰もクレームを言わない。むしろそれを許容し、ハプニングを楽しむという料理店である。これもまさに認知症患者との共存や社会進出を思想とする新しい世界をつくっているということではないだろうか。

新しい世界というと大げさなものを考えがちだが、こんな身近なところにも思想と哲学さえあれば新しい世界はつくれるのだ。

## 解決策領域―新戦略領域④「超非合理」・既存戦略領域③「超常識」

ここからは「問題×解決策マトリックス」の横軸「解決策領域」についてお話ししていきたい。この領域は本来、商品開発やビジネスモデル開発の領域である。マーケティングの領域を超えてはいるが、今まで述べてきた縦軸の問題領域を追求していくと解決策の領域に展開していくことでつながっているためお話ししておきたい。

解決策は「顕在価値」「真似したくない（超非合理）」「できっこない（超常識）」の三つのレベルに分かれる。

超常識はビジネスの新たな提供価値を創造するバリューイノベーションであり、超非合理とはビジネスの提供プロセスを革新するプロセスイノベーションと言い換えることもできる。

## 新戦略領域④
## 「超非合理」真似したくないことをする

- 一見非合理・非効率に見えることをする　真似したくないことをする
- 面倒・カッコ悪い・怖いことをする
- 時間のかかることをする
- 大きな投資が必要なことをする

「潜在価値開発」によって唯一性を獲得するための解決策として「超非合理」で真似したくないことをするのも効果的である。

真似したくないこととは「一見非合理・非効率」であり「面倒」で「カッコ悪い」ことだ。そうした典型的な事例として、ネット通販の巨人「アマゾン」が挙げられる。

アマゾンは創業初期「ネット企業なのに自前の物流倉庫を持っている」という「一見非合理・非効率」に対して「ネット企業（Eコマース）は身軽さが武器であるのに大きな固定費のかかる物流倉庫を自前で持つのは非合理だ」と言われてきた。

だが20年後の現在はどうなっているだろうか。自前の物流倉庫の存在によって誰もが知る大発展を遂げているわけである。

また、「面倒なことをする」例として楽天の事例がある。黎明期のネットモールはネット上に場所だけを用意して、あとは出店企業に好きなようにやってもらえばよいという考え方が多かった。

その中で楽天は、一店一店手間をかけてサポートを行ったのである。つまり普通ならやらない面倒なことをした。その結果、ネットモール黎明期に開設されたモールで現在まで残っており、かつ成長を遂げているのは楽天だけになっている。

私は今の会社を創業以来、さまざまな企業で数百人の社員の方のインタビューをしてきた。その社員の方が成功した事例を聞くとほとんどがこの領域に入る。

商品そのものや技術的なバリューイノベーションではなく、ビジネスプロセスのイノベーションをしているケースが非常に多い。ビジネスプロセスを「えーここまでやるの！」というほど突き詰めているのである。面倒なことをやり切っているといってもいい。技術的なイノベーションなど一朝一夕には起こらないわけで、革新を起こしていくとなれば必然的にこの領域となるのである。

## 既存戦略領域③

## 「超常識」できないと思っていることをする

- できないと思っていることをする　　業界の常識への挑戦
- 一見矛盾するものを統合する　　矛盾を統合する
- いままでにない新しいものをつくる　　技術的イノベーション

ポーラ化粧品のＡＰＥＸというブランドは化粧品業界の常識を超えるだけでなく、製造業の常識も超える商品である。

精緻な肌分析を行い、そのデータに基づいて個別の化粧品をつくるのである。組み合わせとしては２５６万通りの処方があり、まさにオーダーメイドといってよいと思う。従って事前のサンプルというものはない。初めに数種類の商品を用意して、結果としてそこに落とし込んでいく「似非個別対応商品」とは根本的に異なる。ＡＰＥＸというブランドは、このような本当に常識を超えた個別対応を実現しているのである。

なぜこのようなことができるのだろうか。これは創業者の思想が引き継がれているからである。創業者は顧客一人ひとりに合わせたクリームをつくるという発想で化粧品製造を始めた。その発想を実現しようということが受け継がれているのである。これこそ潜在的蓄積資産が「超常識」を実現する源になっている事例である。

また、一見矛盾するものを統合することも「唯一性」につながる。例えば、高品質と低価格は本来矛盾するものである。しかし実際に「高品質・低価格」を実現したのがユニクロであろう。ユニクロは「高品質・低価格」という一見矛盾するものをＳＰＡ（製造小売）という仕組みで実現したのである。

## 新戦略領域⑤⑥⑦⑧
## 高レベルの唯一性の構築

新領域⑤「潜在価値」×「超非合理」、新領域⑥「潜在問題」×「超常識」、新領域⑦「創造問題」×「超非合理」、新領域⑧「創造問題」×「超常識」ついては、どの領域も実現のハードルは非常に高いが、実現できれば新領域②③④を超えるレベルの高い唯一性の構築が可能な戦略領域である。

なにしろ、今まで見えていなかった問題や新しく創造した問題をプロセスイノベーションやバリューイノベーションによって解決しようというわけであるから当然である。

その中でも最も高度な唯一性をつくり出すのが新領域⑧である。なぜならいままでなかった問題を創造し、常識を超えるイノベーションをするということであり、誰も気づいていない問題を誰もやったことがない方法で実現するからである。

これに対して既存略領域③は通常のイノベーションであり、問題は顕在化し見えている。

しかし誰も解決方法を見いだせていなかったということであり、これ自体でも実現するのは大変なことである。だが、やはり戦略領域として最強であるのは今までなかった問題を創り出し、解決手段をつくる新領域⑧である。

ただ前述しているように新戦略領域②③も、潜在問題の追求や問題の創造がイノベーションを引き出すきっかけになる。まずはこの領域の追求から始めるべきであろう。

## 戦略のメソッド
## 戦略フレームに基づいた戦略領域の優先順位

ここまで各戦略領域の内容について詳細に説明してきた。戦略とは「独自の戦略目標」を設定し、「独自の戦略フレームで戦略領域」を創り出し、「優先順位」を決めることである。ここでは優先順位の決め方についても述べる。

優先順位の基準は①効果性　②難易度　(発見の難易度×イノベーションの難易度）である。

【図10】新しい戦略フレーム＝差別的優位性は新領域から探り出す

唯一性
（差別的優位性）
＝ 独自の蓄積資産の活用 ＋ 新次元 ＋ 超非合理 ＋ 超常識
（真似できない）
（次元を変える）
（真似したくない）
（できない）
独自の蓄積資産
（真似できない）
顕在
既存領域①
・商品・サービスの機能
・顧客、取引先
・販売実績
・販売組織、ネットワーク
・特許
・設備（店舗、工場）
潜在
新領域①
・社風
・コーポレートイメージストック
・ブランドイメージストック
・創業者
・歴史
・企業理念
・戦略発想
・開発の発想、エピソード
・販売の発想、エピソード
・生産の発想、エピソード
・品質管理の発想
・技術力
・ノウハウ
・実績（研究・受賞）
・組織原理
・人材開発の発想
問題×解決策 マトリックス
超非合理
（真似したくない）
超常識
（できない）
解決策
顕在価値
やりたくない
できない
②新次元（次元を変える）
問題
顕在
既存領域②
・高機能
・低コスト化
・時間短縮
・セグメンテーション
・ターゲティング
・ポジショニング
新領域④
・一見非合理・非効率なことをする
・面倒なことをする
・カッコ悪いことをする
既存領域③
・業界の常識への挑戦
・矛盾の統合
・異質なものの組み合わせ
潜在
新領域②
・潜在問題の発見
・提供価値の追求
・新しい定義をする
・新カテゴリーを創る
新領域⑤
既存領域⑦
創造
新領域③
・新しい基準を創る
・新しい目標を創る
・新しい夢を創る
・新しい世界を創る
新領域⑥
既存領域⑧
技術的イノベーション

【図14】実行に移す優先順位の表

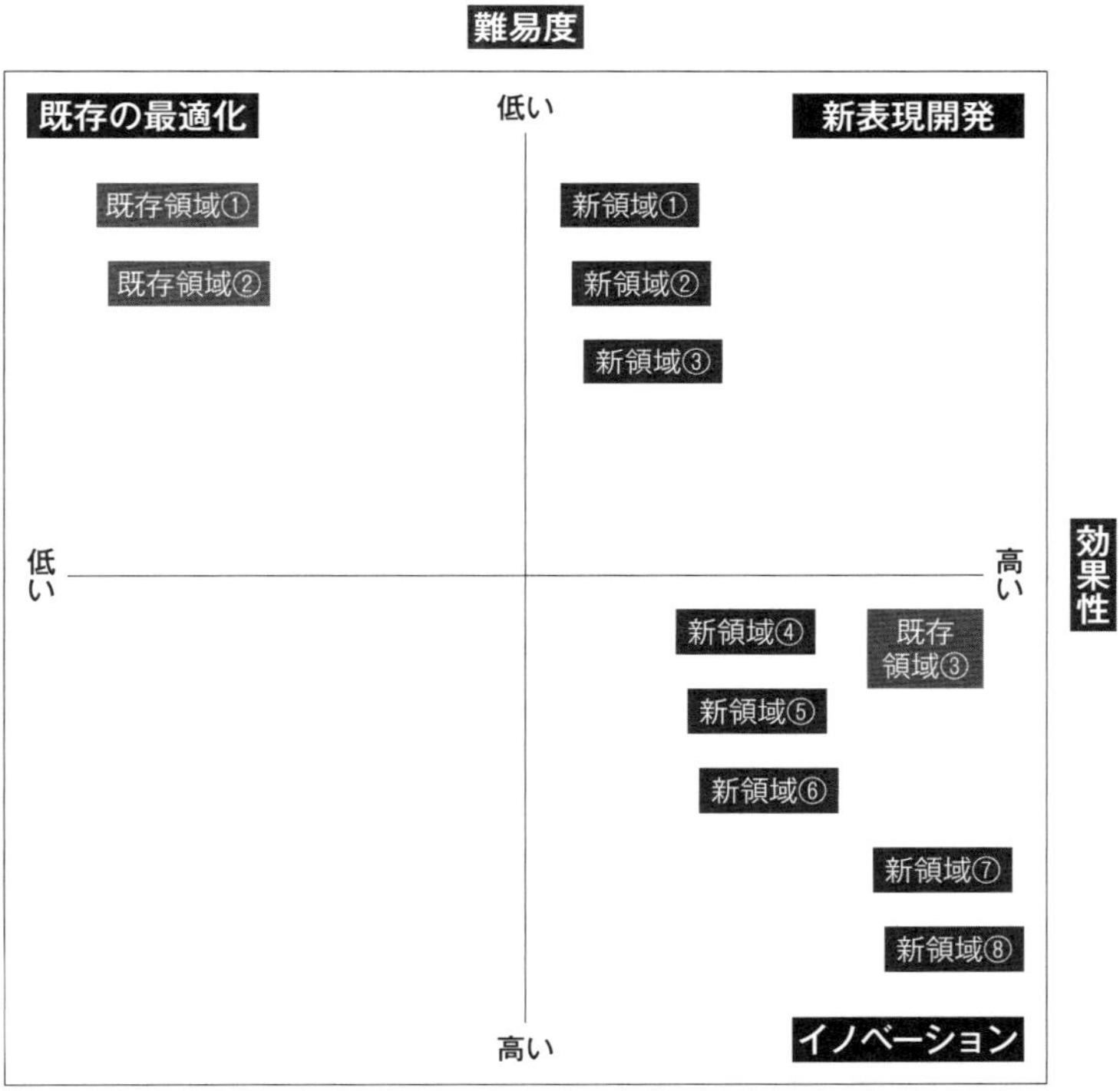

簡単に言えば、効果性が高く難易度の低いものから始めるべきである。その次に効果性が高く難易度が高いものにチャレンジしていくという優先順位となる。

優先順位1　難易度が低く効果性が高い
　新戦略領域①　潜在的蓄積資産活用
　新戦略領域②　潜在問題
　新戦略領域③　創造問題

優先順位2　難易度は低くはないが、顕在問題なので見えている
　新戦略領域④　顕在問題×超非合理
　既存戦略領域③　顕在領域×超常識

優先順位3　発見の難易度は高いがイノベーション度は低い。効果性が高い
　新戦略領域⑤　潜在問題×超非合理
　新戦略領域⑥　創造問題×超非合理

優先順位４　難易度は低いが、効果性は低い
既存戦略領域①　顕在的蓄積資産活用
既存戦略領域②　顕在問題×顕在価値

優先順位５　最も効果性は高いが、難易度も最も高い
新戦略領域⑦　潜在問題×超常識
新戦略領域⑧　創造問題×超常識

第４章

# 企業の「潜在価値」を開発し、ユーザーに分かりやすく伝える７ステップ

①俯瞰のメソッド　ビジネス成功の12条件

②死角のメソッド　どんな企業も陥りがちな12の罠

③創造のメソッド　唯一性の創造メソッド

④戦略のメソッド　戦略フレームと戦略決定

⑤階層のメソッド　顧客の意思決定の４階層

**⑥開発のメソッド　情報開発の7ステップ**

⑦探索のメソッド　無意識を意識化するリサーチノウハウ

⑧創客のメソッド　優良顧客づくりの方法（顧客の12分類）

## ビジネス理論が情報収集の質を決める

それでは、いよいよ「潜在価値開発」を進めていくにあたっての具体的なステップと方法について説明していきたい。

その際、重要な前提になってくるのが「ビジネス理論は情報収集の質を決める」という考え方である。次に挙げたのは一般的なビジネスのステップである。

〈ビジネスのステップ〉

① ビジネスの考え方　　ビジネス理論
⇩
② 情報収集　　ビジネス理論に基づいた情報収集
⇩

③　成功仮説構築　　ビジネス理論に基づく優位性仮説づくり
⇩
④　仮説の検証　　リサーチ
⇩
⑤　仮説の市場実験　　成功パターンづくり
⇩
⑥　計画　　PLAN
⇩
⑦　実行　　DO
⇩
⑧　評価　　SEE

ビジネスを進める際には、最初にどのようなビジネスの考え方（理論）を持っておくかが本来はもっとも重要になる。しかし、実際にはほとんどの場合、それぞれの企業が長年行ってきたやり方に基づいて「無意識」に行われている。

「理屈より行動が大事」とも言われるが、その場合は無意識のビジネス理論に従っているだけである。

「無意識の理論」とは、その企業で引き継がれてきた従来からあるビジネス理論である。そしてこの理論が「情報の収集の枠」となり、情報収集の範囲と質を決めてしまう。それこそが「潜在価値開発」が乗り越えようとしているものであると言えるだろう。

例えばマーケティングの3Cという理論（これを理論と呼ぶかどうかは疑わしいが）を理解していれば顧客・自社・競合というように情報収集ができる。このようなフレームがないと有効な情報収集はできないのである。従って情報収集を行うためのビジネス理論と方法が重要になるというわけである。

## 「潜在価値開発」理論に基づく情報収集

「潜在価値開発」の具体的ステップを進めていく場合、「潜在価値開発」8メソッドの中でも「③創造のメソッド（唯一性の創造メソッド）」をベースにゴールを明確にした情報収集と探索を行うことがもっとも重要なポイントである。

これは3章において、ビジネス成功条件における優位性の究極は〝唯一性〟であると述べたように、自社の埋もれている潜在的な唯一性を探し当てることをゴールとして情報収集と探索を行うことを意味する。潜在価値開発においては、

（戦略目標）ヘビーユーザーの意識構造づくり
第1階層　問題認識　　　問題の重要性の認識
第2階層　カテゴリー選択　　問題解決手段としてのカテゴリーの優位性の認識
第3階層　コーポレート選択　　提供企業の信頼性
第4階層　プロダクト選択　　商品サービスの優位性

（開発目標）
潜在的地蓄積資産の発見
　社風
　開発の発想

ｅｔｃ

潜在問題の発見

①気づかない問題を発見する　　潜在問題の発見
②提供価値の本質を追求する　　潜在価値の追求
③新しい定義をする　　カテゴリーの新定義
④新しいカテゴリーを創る　　新カテゴリーを創る（ブランディングの究極）

問題の創造

①新しい基準を創る　　問題の創造
②新しい目標を創る　　ビジョンの創造
③新しい夢を創る　　夢の創造
④新しい世界を創る　　新世界創造

これらが、それぞれ明確な情報収集の目標（ゴール）となる。

人は誰しも何らかの無意識のビジネス理論をベースに情報収集をしている。しかし、そういった無意識では情報収集に当たりはずれが出たり、見当違いに終わって情報収集にかけた労力やコストが無駄になってしまう。

そうならないためにも、本当に有効なビジネス理論を明確に持って情報収集・探索を行う必要があるのである。

なぜ私が「潜在価値開発」の具体的ステップを示す前に、情報収集や探索の基本姿勢、ガイドラインのようなものを強調して述べているかといえば、次に示す「潜在価値開発」の7ステップを「表面的」な部分で捉えてほしくないからであり、表面的に捉えて実行しても本書で申し上げてきた成果は得られないからだ。

## 〈潜在価値開発の7ステップ〉開発のメソッド

この7つのステップを見て、皆さんはどう思われるだろうか。あるセミナーでは参加者の方から「案外オーソドックスですね」というコメントがあった。言い換えれば、新しい

## 【図15】潜在価値開発の7ステップ

**〈潜在価値開発の7ステップ〉　開発のメソッド**

| ステップ | | |
|---|---|---|
| 1 | 潜在価値開発理論の理解 | **社員研修** |
| 2 | 社内仮説の探索 | **社員インタビュー** |
| 3 | 顧客からの差別的優位性の抽出 | **ヘビーユーザーリサーチ** |
| 4 | 差別的優位性の情報仮説づくり | **情報開発（ステートメント化）** |
| 4 | 仮説の検証 | **ノンユーザーリサーチ** |
| 6 | 表現仮説づくり | **表現仮説づくり（コピー化）** |
| 7 | 計算できる仕組み | **市場テスト** |

感じがしないということである。

確かにステップを並べてみると、社員研修・社員インタビュー・ヘビーユーザーリサーチなどの実施項目は取り立てて目新しい感じはしないかもしれない。しかしバックグラウンドになっている「理論・目的・方法」は従来のマーケティング原理・メソッドとはまったく異なるものである。

「潜在価値開発」において強く意識しているのは**「このようなマーケティングコミュニケーションを行ったら、ユーザーはどう反応するか？」**というものを、今まで見えていなかった仮説を抽出し、それらを提示することでの反応をつぶさに見ていくことだ。

ステップの各項目で行われるアクションはオーソドックスかもしれないが、目指すものはまったく違う。従来あったマーケティングの戦略フレームワークを否定するものでもなく、その領域を拡張するものである。そして、手つかずだった「未知の領域」に埋もれていた「お宝」を探し当て、「情報開発」し、「表現開発」によって実際にユーザーに態度変容と行動変容を起こさせ、ヘビーユーザーにさせることがゴールである。

整理すると「潜在価値開発」の7ステップで行うことは、

①明確な戦略理論に基づいている
②明確な戦略と開発ゴールが設定されている
③やり方が体系化・ステップ化されている

という点で「オーソドックスでありながら革新的」なものなのである。

## 社員研修から始める

「潜在価値開発」は従来の理論とは異なる極めて革新的な理論であるが故に、やり方だけを真似て社内で展開しても「なぜ、それをやるのか」「どのようにやるのか」「なにが重要なのか」を理解することが難しい。これは個々の能力云々の問題ではなく、これまでの常識とは異なることを理解して進めなければならないからである。

従来のマーケティングやリサーチの理論、これまでに教えられたり、経験から身につけてきたことからすれば「原則に合わない」おかしなことをやっているように見えたり、思ったりする。
そのために「潜在価値開発」のプロセスに関わる全員に出席してもらい、半日ほどの時間を使って、これからどういう考えのもとにどういうことを行っていくかを理解・共有してもらうところからスタートする。

**特に重要なのが本書でも重ねて強調にしているように、「潜在問題とは何か」の部分だ。**

通常は「顕在問題」があり、その下に「カテゴリーの潜在問題」があり、そのさらに下に「カテゴリーを超えた潜在問題」があるということの理解である。

先に示した化粧品の例で言えば、通常は「乾燥」「しわ」「シミ」などの明確に自覚できる顕在問題がある。より顧客を深く探っていくと、「自分の肌のことが本当は分からない」。そのために「自分のスキンケアが正しいかどうか自信がない」「ほかにもっと自分に合っているものがあるのではないか」というような化粧品メーカーに対する不満を超えるカテゴリー的な潜在問題があるのである。

さらにはカテゴリーを超えた潜在問題として、「自分のことをよく分かっているプロフェッショナルにすべてを任せたい」という問題、ニーズがある。このような「潜在問題」にアプローチして「潜在価値開発」を行うのだということを分かってもらうのである。

# 社員インタビューの重要性

「潜在価値開発」において社員インタビューは、最も重要なステップの一つである。なぜなら、社内の蓄積資産は社員の意識の中に埋もれている（潜在的蓄積資産）からである。いわゆる公表されている社内資料にはそれらが表現されていないことが多い。

顧客が価値を感じる真の独自資産は、社員の意識の中に埋もれているというのが大前提。個々の社員の仕事のベースになっている考え方や社内で共有されていない戦略仮説などがある。

3章において「潜在価値に気づかない組織特有の要因」でも触れたが、部門間によって考え方や重視している点が異なるため、別の部門では非常に有効な情報が、ある部門で眠ったままということも珍しくない。

あるいは、それぞれの専門分野での文脈のままで情報がとどまっており、そこから有効な情報に〝翻訳〟する機会がないということもある。また、ときには今後のビジネス展開において非常に価値のある戦略（社内仮説）を持っている人がいても、それが組織として共有・検証されていないことも多々ある。

そうした社内の潜在的な蓄積資産を引き出していくのが「社員インタビュー」である。

社員インタビューの重要性に言及すると、改めてそんなことをしなくても、普段からプロジェクトに関わっていろいろ話をしたり情報共有しているのだから、ただでさえ忙しいのにそんな時間は取れないし、調整も難しいという反応をされることがある。

それでも、実際に社員インタビューをしてみると、思いがけない情報や話が飛び出してくる。

ある家電量販店で、販売個数日本一の販売員の方をインタビューしたときのことである。聞いていくと、その方独自の色々な方法を語ってくださったのだが、一緒にヒアリングに立ち会っていたその販売員をマネジメントしている営業担当の方がこう言ったのである。

「えっ！　そんなふうに考えてたのですか？　全然知らなかったし驚きました」と。

普段から仕事で長く接して、業務に関わるさまざまな話をしているはずなのに、それでも「まったく知らなかった」というものが出てくる。これは決して珍しいことではなく、私がお手伝いをさせていただいた企業にほぼすべて共通している。

なぜ、そんなことが起こるのか。「社員インタビュー」は一人につき2時間程度の時間を取って行う。通常、自分一人に2時間もフォーカスされてじっくり話を聞いてもらえる機会はなかなかない。

人事考課施策での面談でも30分も話をすれば長い方だろう。しかも、そうした面談はKPI（重要業績評価指標）などに照らし合わせて聞かれることも決まっている。

そうではなく、**「潜在価値開発」における社員インタビューでは、担当するビジネスについて本質的なことを聞いていく**のである。具体的な内容としては、2章で示した「ビジネス成功の12条件」に沿ったものである。

また、普段埋もれてしまっている仮説を引き出すために、「もし何も制限がなかったらどうしますか？」「もっと他にはないですか？」「なぜそう思うのでしょうか？」というように、反射的に答えが出ない質問を行う。インタビューされている方が「……」としばらく黙ってしまったら成功である。

なぜなら、反射的に答えないということは自分の無意識にアクセスしているからだ。つまり、無意識が意識化されつつある瞬間であるということになる。

ここでインタビュアーはじっと待つ。この瞬間、待つことができるかどうかがインタビュアーの力量である。「無意識を意識化する」ということが目的だと、よく分かっているからこそ待つことができるのである。

「社員インタビュー」は、普段の仕事の会話では、「こんなことを言っても仕方ない」と無意識に自分の中に仕舞い込んでいたものが意識化されて出てくることが想像以上に多い。それらは今後のビジネスを成功に導く「前提」になる根本の内容ばかりである。市場や顧客の感じる価値に対する見方、考え方といったものが無意識のまま埋もれていては、1章で取り上げたさまざまな罠に陥るリスクが高くなる。

ここを理解して本気で社員インタビューを行い、社内に埋もれた潜在価値を抽出できるかどうか。私たちはその点を徹底して重視して行うのである。単に「社員の声も拾ってみました」というようなものではない。だからこそ、決して外部に丸投げのようなことはせずに時間も労力もかけて行うわけである。

## 「潜在価値の仮説ステートメント（文章）」開発

「潜在価値開発」のステップの中で、ひとまずのゴールは抽出された潜在価値から「唯一性につながる仮説ステートメント」を「情報開発」することである。これは「コピー」のようなクリエイティブの要素は含まない。「なにをもとに表現するか」の「なにを」について顧客が価値を認めるであろう仮説を文章化していく。

その枠組みは、何度も述べているように顧客の意思決定過程に沿った「階層のメソッド」の4階層のものとなる。

第1階層　問題認識　　　　　　　問題の明確化・創造
第2階層　カテゴリー選択　　　　カテゴリーの差別的優位性
第3階層　コーポレート選択　　　コーポレートの差別的優位性
第4階層　ブランド選択　　　　　ブランドの差別的優位性

よくありがちなのは、第4階層のブランドの差別的優位性のみの情報開発になっている場合である。幾度も述べていることだが、差別的優位性＝唯一性が生まれるのはプロダクトブランドつまり商品だけに限らない。もっと幅広く考えることができる。

競合が語っていない問題を明確化するような情報を伝えることが有効である。1章の「陥りがちな罠」で取り上げたような「前提を跳ばすことなく」伝える情報が効果的なのである。

前述した弁護士事務所の事例でいえば、誰も語っていない弁護士への相談の仕方、どこまでが無料でどこからが有料かといった料金体系などを伝えることは、サービスの優位性を伝える以上の優位性を生む。なぜなら顧客はそうした「前提」を知らないからであり、前提を親切かつ丁寧に教えてくれる相手には「不安解消」という価値を感じるからである。

また、この段階ではいわゆる「コピー的」な表現は必要ない。**潜在的な価値につながる情報をすべて明確に文章化することに意味がある。**

「すべて」というのもポイントである。端折ったりせずに過不足なく説明し切る。コピー的に顧客の気を惹こうとキャッチーにしてしまうと、情報を削ってしまうことになる。まだ、どの情報が顧客に効くのか分からない段階なのであるから、あえて「表現」をせずにフラットに伝えて顧客にどの文章のどの部分にインパクトを感じたかを聞くのである。

次に示したものは、私がヤクルト在職中につくった仮説ステートメントの一部である。問題の認識レベル（第1階層）として、「腸の健康の重要性」を語ったものだ。

《健康のカギは「腸」にある

腸の重要性を知っていますか？

腸は、私たちの「生命を維持するために最も大切な器官」なのです。

原始生命は腸のみでできていました。

生存に必要な栄養を外部から取り入れ、吸収して、その残りを排出する。もっとも単純な生物です。つまり、腸は最初にできた器官であり、生命の源であると言えます。

また、人間の腸には、全身の免疫細胞の60％が集中しており、それらが体の中に入ってくるウイルスや病原菌を防ぐ働きをしています。
この二つの事実が、腸をいかに重要な器官であるかを証明しています。栄養を吸収し、免疫機能を担う腸。健康のカギは「腸」にあるのです》
このようなステートメント（文章）を社員インタビューから抽出した材料をもとに、まず十数個つくるのである。このときつくったすべての文章の項目だけを挙げてみると次のようになる。

第1階層　問題の明確化
- 健康のカギは「腸」にある

第2階層　カテゴリーの差別的優位性
- 腸の健康を守る乳酸菌のチカラ
- 乳酸菌飲料は乳酸菌食品のスペシャリスト
- 乳酸菌でカラダをキレイに
- 乳酸菌はたくさん摂るほどよい

第3階層　コーポレートの差別的優位性
- 世界27カ国につながる経営理念　健腸長寿

第4階層　ブランドの差別的優位性

・創業者の想い「予防医学」「健康長寿」
・一つの乳酸菌に、1000の論文
・ヤクルトの乳酸菌はプロバイオティクス
・ヤクルトの乳酸菌は医療現場でも活躍しています
・ヤクルトの乳酸菌飲料はトクホです

これらの十数個の仮説ステートメントを顧客に読んでもらい、評価をしてもらった上で絞り込んでいく。絞り込んだステートメントは、顧客が「今まで知らなくて、知ったら重要だと思う」ものだけになるため、顧客の態度変容を促すコンテンツができるのである。

実際にこのコンテンツを用いて、顧客テストを行うと、毎回「ヤクルトさんはすごい」という感想が返ってきてこちらも驚かされた。それほど、顧客は「健康維持における腸の重要性にヤクルトが寄与する」という潜在価値を認識していなかったということになる。

その後、私が広告部長となったときも、このコンテンツをベースに広告戦略を組み立て成功できたのだ。

## 仮説の検証（ノンユーザーリサーチ）

つくった仮説ステートメントはかならず検証されなければならない。その際の評価基準がインパクトである。

〈インパクト・コミュニケーション〉

インパクトとは顧客との意識のギャップ

⇩

そのためには、顧客の意識を知っている必要がある

⇩

その上で、顧客の意識を裏切っていくような知らない情報を伝える

⇩

「知らなくて、重要なこと」がもっともインパクトがある

## 「へえ～」ではなく、「え～」

インパクトとは、顧客の意識とギャップであり、顧客が知らなかった情報がインパクトになる情報である。見せられたステートメントの中でギャップを感じた部分がインパクト部分ということになる。

なぜ顧客にギャップが生まれるのかといえば、「潜在価値開発」で開発した情報は、企業の中に埋もれていたものであり、今までその情報を使って顧客とコミュニケーションしていなかったものだからである。

従って必要な基準は、この知らなかったギャップある情報が、顧客にとって重要な情報かどうかということだ。つまり、これまで知

【図7】顧客の態度変容を起こさせる情報

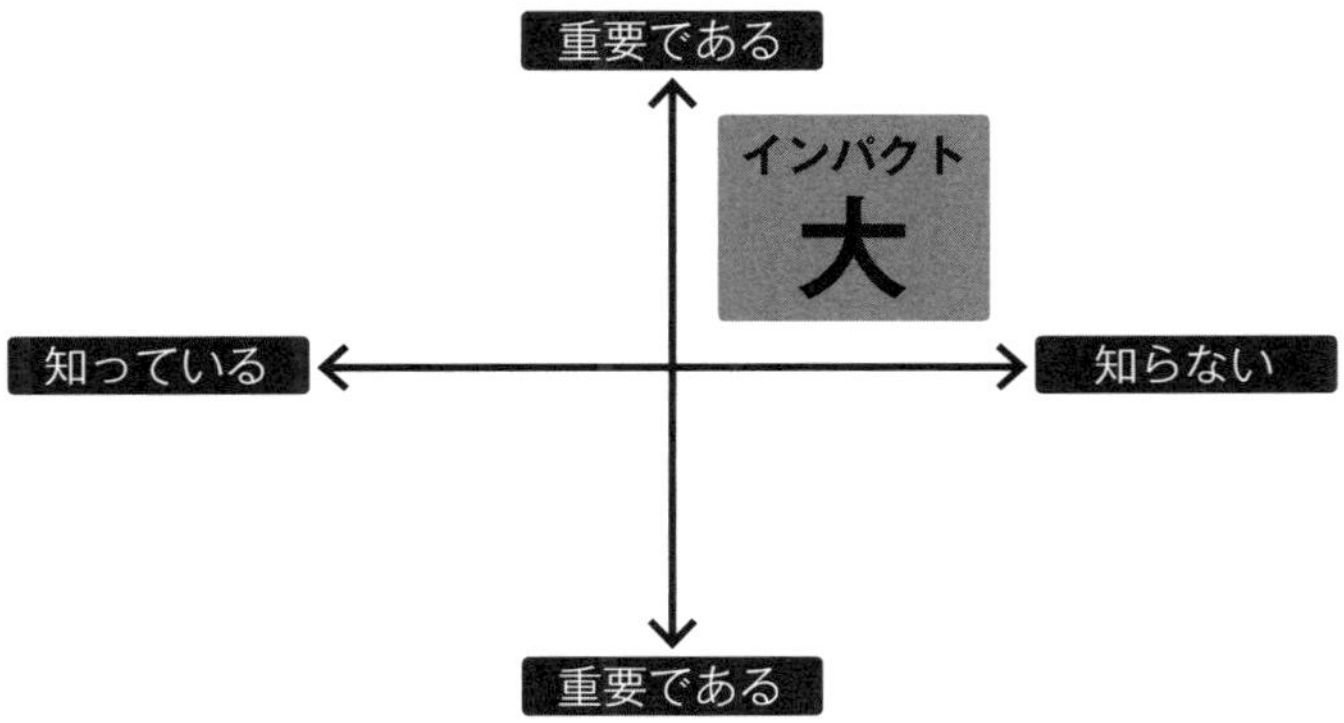

らなかったことで知ったら重要と思えるものこそ「表現仮説」に落とし込むべきものとなる。この基準を満たすかどうかをノンユーザーリサーチで検証するのである。

## 探索のメソッド――潜在価値開発リサーチのポイント

「潜在価値開発」においてリサーチをする上でのポイントにも少し触れておきたい。リサーチにも当然、目的がある。

1章の消費者インサイト論で少し述べたように、「潜在価値開発」のためのリサーチは、消費者の意識構造の把握ではなく、社員インタビュー等で発見した企業の潜在価値の評価である。従って消費者の意識構造（インサイト）について情報収集しないわけではないが、きわめて前提的な情報収集に過ぎない。

なぜなら、企業の潜在価値情報に触れた瞬間、意識構造は変わってしまうからである。消費者の意思決定過程全体にインパクトを与えるであろう情報を開発して提示することで、消費者の選択基準や評価基準が変わってしまうのである。

ここでのリサーチは「表現開発」の前段階のものとして非常に重要となる。顧客になに（どんな情報）を伝えたらインパクトがあるのかを探るためのものだからだ。それにもかかわらず、このリサーチをせずに、いきなり広告代理店にオリエンテーションしてコピー化や映像化などのクリエイティブに走ってしまう企業が大半である。

リサーチはやっているという企業でも多くは商品開発、商品コンセプトのためのリサーチであり、それも2〜3個のコンセプトを消費者に提示して選んでもらうといったレベルにとどまっている。

本当に消費者、ユーザーにギャップ・インパクトを与え態度変容を生じさせるための「情報開発」上のリサーチ、仮説ステートメントのリサーチはなされていないのだ。

〈リサーチの前提条件〉

- 消費者は無意識で選択している
- 消費者は自分の考えていることをうまく表現できない
- 消費者の思考は、イメージ的・連想的であって、論理的ではない

リサーチをする上で考えておかなければならないのは、2章の「死角のメソッド」でも述べたが、消費者は無意識で選択しているという点である。「どんな基準で選択していますか？」と聞くと一応もっともらしい、質問者が聞いて納得するような答えをするものである。

しかし消費者は自己分析の専門家でもなく、自分のことをうまく表現できる表現者でもない。従って自分の考えていること、潜在的に自分が動かされている無意識をうまく表現できないのである。

「どういうものが欲しいですか？」「どのようになるのがいいですか？」というようなリサーチはもっとも愚問である。

また消費者の思考は決して論理的ではなく、連想的・イメージ的なものである。そのためにその意識構造・評価構造は新しいインパクトのある情報が入れば劇的に変化してしまう。このような前提条件に立ってリサーチを行わなければならない。

こうした前提条件が適用されないままユーザーリサーチがされてきたのは、「潜在価値開発」のように「今まで知らなくて、知ったら重要と思う」インパクトのある情報開発が行われてこなかったからだろう。そのために顧客の意識構造が劇的に変わる瞬間を目の前で見ることがなかったわけである。

私は10数年前のヤクルト時代に行ったリサーチ以来、顧客の意識が劇的に変わるのを見続けてきた。だからこそあえて従来型マーケティングコミュニケーションのアンチテーゼになることを言い続けてきているのである。

〈リサーチの方法〉

リサーチのテクニカルな面にも少しだけ触れておきたい。

リサーチは直接質問（購入理由）ではなく、間接質問し、理由を推測する。ただ聞くのではなく、区分させたり、ポジショニングによる反応物を与えたりして、反応をみる。これがリサーチ方法の基本的な考え方となる。

「潜在価値開発」リサーチの中では反応物として、「仮説ステートメント（コミュニケーションステートメント）」を10～15提示し、顧客の反応（どこにギャップ・インパクトを感じるか）を見ることが主になる。

〈設計の考え方〉

顧客の意思決定のステップに従って設計する

問題の認識

⇩

問題解決手段としてカテゴリーの選択

⇩

ブランドの選択　　コーポレートブランド／プロダクトブランド

⇩ 購入場所の選択

⇩ 継続購入の判断

〈質問手法〉

（1）不明確な答えに対する突っ込み

・曖昧な表現（対象者がうまく表現できない）ものについて、突っ込んだ質問をする

「それって、どういう意味ですか？」

「例えば？」「具体的には？」

「他の表現で言ってみてもらえますか？」

（2）くり返し

• 興味深いキーワードが出たら、くり返して発言を促し、掘り下げる

（3）他の人への促し

グループインタビュー等の場合

「他の方はどうですか？」

「同じようなことはありますか？」

「違うことを感じることはありますか？」

（4）他の要素の抽出

「他にはないですか？」という質問ほど重要なものはない。自分がすぐ話せることは顕在

意識の領域であるが、他には？　と聞かれたときに、初めて自分の無意識にアクセスすることになり、そこで出てきたものが潜在価値であることも多いのである。

「他にはないですか？」

（5）沈黙を待てる

- すぐ答えられる質問の答えは意識化されたもっともらしい答え。すぐに答えられない質問に本当の答えがある
- 質問された対象者が沈黙する瞬間は無意識にアクセスしている。ここで待てるかが無意識を引き出せるかどうかの分かれ目である。

# ステートメントをブラッシュアップする

一般的なリサーチのやり方では複数回のリサーチでセグメント毎の差異を見ていこうとする。だが「潜在価値開発」におけるリサーチのやり方は、ステートメントをブラッシュアップし、より分かりやすい情報開発につなげるために行う。

①まずプロトタイプとなるステートメントを使って1グループにリサーチを実施する。ステートメント（文章）の内容がちゃんと伝わるかが検証のポイントである。

②伝わる文章にした上で、どのステートメントのインパクトがあるか、ステートメントの構造（ストーリー）はこれでいいかを検証し、さらにブラッシュアップする。これは場合によっては2ステップ（2グループ）程度くり返す。

③インパクトあるステートメントおよびストーリー化ができたものをセグメント別（3グループ程度）の評価を取って検証する。

ブラッシュアップの具体的な手法としては、ステートメントに対して「あなたはどの言葉が気になりましたか？」という質問でアンダーラインを引いてもらう。逆に「どの言葉が分からなかったか？」というものも同様にアンダーラインをしてもらう。

それらの結果を数値化し、ステートメントのどの部分に強く反応が出ているか、どこにこちらが意図した反応が出て、どこに意図した反応が出ていないかを明らかにするのである。

そして15種類ほどの情報を5段階で評価し「この情報はあまり効かないから他の情報と入れ換えよう」といった具合にブラッシュアップしていく。

よくあるのは、最初から自分たちで絞り込んだものをユーザー、消費者に見せるやり方だが、それでは本当なら反応があったかもしれないものを捨ててしまいかねない。そうではなく、きちんと過程を踏んで結果を見てから絞り込み、ブラッシュアップしていく必要がある。

実際、カゴメでリサーチを行ったときも、当初「無添加」という情報は、もうすでに言い尽くされているのであまり反応がないと思われていた。ところが、リサーチを行ってみると「無添加」という情報に顧客からもっとも強い反応が出たのである。

特に、顧客が一度、その企業の根本発想に触れると、商品そのものの情報よりも反応が高くなることも多い。極端に言えば、そうなると顧客は「もう商品は何でもいい」という態度変容が発生し、どの商品に対しても購買意欲が強固になるのだ。

## ストーリー構造化された表現コンテンツ

「潜在価値開発」の仮説ステートメントはストーリー構造化されている。

顧客の意思決定過程に基づいて構造化されているのである。第1階層（問題の認識）・第2階層（カテゴリーの選択）・第3階層（コーポレートの選択）・第4階層（プロダクトの選択）に沿ったストーリー構造化である。

問題認識を高め、カテゴリーの優位性を高め、コーポレートの信頼性を高め、プロダクトの優位性を高めることが「潜在価値開発」の仮説ステートメントにより同時にできることでヘビーユーザーの意識構造をつくることのできる表現コンテンツなのである。

1章でも述べたが「潜在価値開発」セミナーに参加された方が、この話を聞いて、

「それぞれを広報や広告などいろいろな場面で発信しているのですが、バラバラで顧客の意識の中でつながらないのですよ。これなら顧客の意識の中ですべての情報がつながりますね」

と感想を述べられたが、まさにそういうことなのである。

# 第5章

# 「潜在価値」でユーザーを惹きつけ、優良顧客にするマーケティングプロセス

←

①俯瞰のメソッド　ビジネス成功の12条件

②死角のメソッド　どんな企業も陥りがちな12の罠

③創造のメソッド　唯一性の創造メソッド

④戦略のメソッド　戦略フレームと戦略決定

⑤階層のメソッド　顧客の意思決定の4階層

⑥開発のメソッド　情報開発の7ステップ

**⑦探索のメソッド　無意識を意識化するリサーチノウハウ**

**⑧創客のメソッド　優良顧客づくりの方法（顧客の12分類）**

# 潜在価値マーケティングのプロセス化

「潜在価値開発」のステップを踏んで開発された「お宝」となる潜在価値情報で顧客に態度変容を起こさせ、行動変容につなげて成果を出すにはマーケティングプロセスに落とし込めなければならない。

そのために必要なのが潜在価値マーケティングのプロセス化である。プロセス化を行うときの視点として必要なのが、顧客の変化をベースに考えるというものだ。顧客が対象顧客から継続顧客・紹介顧客などの優良顧客となるステップである。

このプロセスを部分的なものではなく、一連のプロセスとしてつくり上げ、プロセス全体をマネジメントすることが肝要である。従って**マーケティングプロセスとは、対象顧客を優良顧客に変化させる過程である**といえる。

そしてビジネスの優位性をうまく表現化し、対象顧客に適切に伝達できる手段を使って、態度変容を起こし優良顧客への段階を踏んでいく活動である。

マーケティングとは、一方的なものではない。顧客との深いコミュニケーションによって、対象顧客の意識変化を起こさせなければならないものだ。どれだけ瞬間的に話題になったりバズが起こったとしても顧客の意識、態度に変化が起きなければ、コミュニケーションの失敗に終わったということである。

そうした目的に照らし合わせたとき、コミュニケーションの効果があり、顧客の意識変化を起こせることが証明されていくコンテンツ以外のものを使うことは意味がない。効果が証明されていないコンテンツをプロセス化しても決して成果は出ないからである。

にもかかわらず、世の中には効果検証がなされていない表現コンテンツがはびこっているのが実情である。本書をここまで読んでいただいた方は、もうすでにお分かりいただけていると思う。

「潜在価値開発」によって、顧客がそれまで知らずにいて改めて知ったことで、顧客自身が重要なギャップ・インパクトを感じた「潜在価値情報」が探し出せれば、あとは正しくマーケティングプロセスに落とし込んで、その成果を得るだけだ。

「潜在価値開発」理論では、マーケティングプロセスを「創客のメソッド」として次のようにメソッド化している。

## 創客のメソッド
## 優良顧客づくりの方法（顧客の12段階）

「潜在価値開発」における創客のメソッドとは、顧客を12分類に分け、その段階を変化させていくことによって、優良顧客化する一連のステップであり、それぞれのステップを詳細に規定している。

このように顧客の成長過程を詳細に規定し、それぞれのタッチポイント毎に適切な情報を出すことも、デジタルマーケティングの発達によってできるようになってきている。「潜在価値開発」もマスマーケティングの時代には、ＴＶＣＭでも本来なら伝えるべき多くの情報量を圧縮するしかなく、多くの情報量を伝えるにはリアルな場面でのコミュニケーションを行うしかなかった。

## 【図17】マーケティングプロセス

| | | |
|---|---|---|
| ①対象顧客 | リサーチ →対象顧客の抽出 | 対象者数 |
| ↓ | | |
| ②アプローチ可能顧客 | リスト収集（自社リスト開発・他社リスト活用） | リスト数 |
| ↓ | | |
| ③アプローチ顧客 | 情報開発→表現開発→媒体設計・開発→集客 | アプローチ数 |
| ↓ | | |
| ④反応顧客 | 事前教育（信頼関係づくり） | 反応率 |
| →⑪離脱顧客 | リスト化 →再アプローチ（リターゲティング）→ | 試用購入顧客 |
| ↓ | | |
| ⑤試用購入顧客 | クロージング | 試用購入率 |
| →⑪離脱顧客 | リスト化 →再アプローチ→ 購入顧客 | 離脱率<br>復活率 |
| ↓ | | |
| ⑥購入顧客 | 商品評価・リサーチ | 購入率 |
| →⑪離脱顧客 | →リスト化・再アプローチ→ ⑫復活顧客 | 離脱率<br>復活率 |
| ↓ | | |
| ⑦再購入顧 | 事後教育（商品情報・企業情報） | 再購入率 |
| →⑪離脱顧客 | →再アプローチ⑫復活顧客 | 離脱率<br>復活率 |
| ↓ | | |
| ⑧継続購入顧客（優良顧客） | 問題探索リサーチ →クロスセル | 継続率<br>購入頻度<br>購入単価 |
| →⑪離脱顧客 | →⑫復活顧客 | 離脱率<br>復活率 |
| ↓ | | |
| ⑨継続・複合購入顧客（優良顧客） | コミュニティ化 | クロスセル率<br>購入単価<br>購入頻度 |
| ↓ | | |
| ⑩紹介・口コミ顧客（優良顧客） | | 紹介<br>紹介率 |

ヤクルトのようにリアルな販売組織をもっていないとできなかったことが、今はデジタルマーケティングに落とし込んで実行することが可能になっているのである。

特に開発した潜在価値情報の使いどころは、反応顧客における顧客との信頼関係づくりをする事前教育と、購入顧客における関係性を深める事後教育の二つの場面である。ところが、この仕組みをつくらずにすぐ売り込むことをしがちである。

世間的に有名ではないが成功しているインターネットマーケターは、この顧客との信頼関係づくりの事前教育の仕組みを強力につくっている。なぜなら大企業のような知名度がない、つまり信頼がまだないからである、そこで一から顧客教育をして信頼関係づくりをし、それができた段階で初めて商品を売る。決していきなり商品を売ることはない。

そこで提供される情報は潜在価値開発の「階層のメソッド」の4つの階層の構造化されたストーリーと同じようなものである。本質は一緒なのである。

# デジタルマーケティング時代のマーティングプロセス

皆さんの中でも関心が高いと思われるのが、「潜在価値開発」とデジタルマーケティングを組み込んだこれからの時代のマーケティングプロセスであろう。

デジタルマーケティングによって、**【図16】**で太字で示されたことができるようになってきた。

ビッグデータをDMPを用いて把握した、顧客のデジタル上の行動に沿ったカスタマージャーニーに対応したアプローチ設計。対象顧客に適する顧客を探し出してアプローチできる外部の顧客データベースであるオーディエンスデータ。顧客にアプローチできる新たなメディアとしてのオウンドメディア・ソーシャルメディアと、より高度化したペイドメディア。

【図16】潜在価値開発を組み込んだデジタルマーケティング

**潜在価値開発®を導入し、顧客との関係を深化させる**

**潜在価値情報の開発**

⬇

| 顧客化ステップ | 概要 | |
|---|---|---|
| **①対象顧客** | ペルソナ設計 | ・リサーチ（意識） |
| | **カスタマージャーニー設計** | **・DMP（行動）** |
| **②アプローチ可能顧客** | 自社リスト | **・オウンドメディア** |
| | 他社リスト | ・流通データ |
| | | **・オーディエンスデータ** |
| **③アプローチ顧客** | 表現コンテンツ開発<br>×<br>メディア設計 | ・**潜在価値情報**<br>⇨表現コンテンツ化 |
| | | ・ペイドメディア<br>**・アーンドメディア**<br>**・オウンドメディア** |
| **④反応顧客** | サイト訪問<br>⇩<br>サンプル・資料請求 | ・**潜在価値情報**<br>**・オウンドメディア** |
| | | **・リターゲティング（MA）** |
| **⑤試用購入顧客** | 試用評価・情報提供 | ・**潜在価値情報**<br>**・オウンドメディア（MA）** |
| **⑥購入顧客** | 継続購入促進（CRM）情報提供 | |
| **⑦継続顧客** | 深い関係づくり、コミュニティ化 | |

これらのデジタルマーケティング環境は「潜在価値開発」によってさらに有効に機能するのである。ご承知のように、

①誰に
②どのような伝達手段で
という部分はデジタル時代に大きな進歩を遂げ、極端には何でもできるようになった。
しかし、
③なにを（表現コンテンツ）
についての開発方法はマスマーケティング時代からほとんど変わっていない。ここに、**「潜在価値開発」によって開発した潜在価値情報を組み込んでいく必要がある**のである。

「潜在価値開発」で開発した情報は、新規顧客から継続顧客まで各段階で有効である。なぜなら、前にも述べたように、新規顧客のみならず継続顧客においてもその意識構造は確固たるものでなく、曖昧で脆弱なものであり簡単に変化するものだからである。

従ってマーケティングプロセスの各段階で顧客の意識構造を確固たるものにするアプロ

ーチが必要である。

潜在価値情報は①問題の重要度を高め、②カテゴリーの優位性を高め、③コーポレートの信頼を高め、④プロダクトの優位性を高めるものであるから、マーケティングプロセスの一部分だけに適用されるものではない。顧客へのアプローチの各段階へ組み込む必要があるのである。

## 「潜在価値マーケティングプラットフォーム」の考え方

1章でも述べたように「デジタルマーケティングの本質は一対一の対話」である。デジタルマーケティングは個別対応が可能であるから、一対一というコミュニケーションが可能になる点は皆さんにも理解してもらえると思う。だが、くり返すが「対話」という部分でピンとこない人が多い。しかし、対話というところにデジタルマーケティング成功の重要ポイントがある。

対話の前提として、何度も述べているように顧客の心を動かす表現コンテンツが必要なことは言うまでもない。しかしどんな内容であれ、ただ伝えるという一方通行のコミュニケーションでは顧客が受け身となり、深く伝えることはできないものである。従って一方通行にならない双方向のコミュニケーションが必要なのである。

顧客側から関与してもらうことが重要だ。つまりリアルで行われる一対一の対話とまったく同じなのである。この前提でデジタルマーケティングを行えるかどうかだ。

私が開発した潜在価値マーケティングプラットフォームとは「潜在価値開発」した表現コンテンツを確実に顧客に届けるデジタルコミュニケーションプラットフォームである。そのための必要要件であり、独自性は3つある。

①顧客を態度変容させる表現コンテンツ　潜在価値開発による潜在価値情報
②顧客に情報を深くインプットする方法　質問型コミュニケーションシステム
③対象顧客に確実にアプローチするメディア　独自開発メディア

そして②の質問型コミュニケーションが対話のためのシステムである。質問することに

【図18】「潜在価値マーケティングプラットフォーム」の全体像

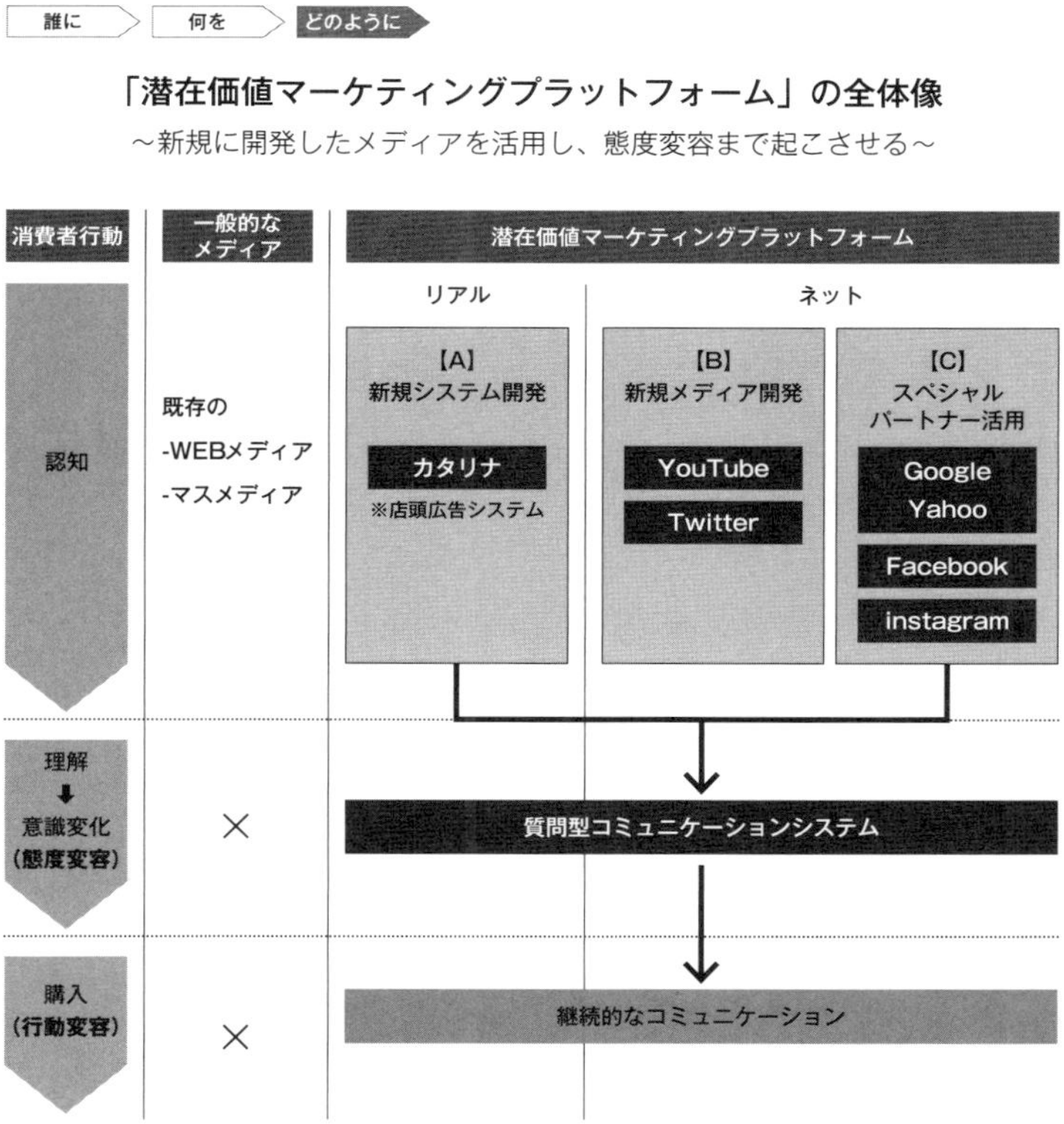

よって顧客の情報についての関与度を上げるのである。

「潜在価値開発」はリアルマーケティングでの実践は当然有効であるが、昨今のデジタルマーケティングの進化により、今はリアル以上に有効な展開ができるようになってきた。ネットでのコミュニケーションが可能になり、「潜在価値開発」の活用の幅は大きく広がっている。逆に言えばデジタルマーケティングの場にこそ「潜在価値開発」が必要なのである。それはすでに1章と2章で述べたとおりである。

潜在価値マーケティングプラットフォームの一つの完成形はつくることができた。しかしまだまだ進化は可能であるし、進化していかねばならない。

今の枠組みに、今後はさらにLINEなどの新しいSNSを組み込んでいくことも考えている。顧客との接点という部分で多様な接点をつくりプラットフォームを進化させることは不可欠だからだ。

そしてより緻密なターゲティングをするために、顧客のネット上での行動を把握できるDMPやより属性把握ができるオーディエンスデータを活用して、マーケティングプラットフォームをレベルアップさせていきたいと考えている。すべては「潜在価値開発」によってつくりあげた「顧客を態度変容させることができる表現コンテンツ」を持っているからである。

重ねて述べるが、デジタルツールの活用が目的なのではない。まず、顧客の心を動かし態度変容させるような情報開発、表現開発、コンテンツ開発なしにはいくらデジタルツールを活用しても十分な効果は決して得られないことはいうまでもない。

## 「潜在価値マーケティング」に必要な時間とは

「潜在価値開発」プロジェクトを実施して走らせるにはどれくらいの時間が必要なのか。これもよく聞かれることだが、だいたい2～3カ月必要となる。ただし、社員インタビューの人選やノンユーザーリサーチの対象者リクルートなどにどれくらい時間がかかるかによっても全体の時間は左右される。

またリサーチの詳細を議事録化して処理する作業も、今後AIを活用することでさらに短縮できるのではないかと見込んでいる。

リサーチの項目でも触れたが、「潜在価値開発」ではブラッシュアップ化の過程を経て仮説検証を行い、最終的にもっとも顧客にインパクトのある情報をステートメント化し表現開発する。

この時間も、一見、手間がかかりすぎているように思えて、実は一度ベースになる情報開発ができれば、以後はその情報を活用して効果的なマーケティングが行えるのでトータルで見た場合にはかなりの効率化になる。

それを行わずに新たなマーケティングプロセスを走らせるたびに、手探りで行って時間や労力を無駄にする必要がないというわけだ。

## 自分のことは誰もうまく伝えられない

デジタルマーケティング時代になり、これまでつかめそうでつかめていなかったマーケティングプロセス毎にやるべきことは明確になった。①「誰に」、②「どのような伝達手段で」の部分が明確化かつデジタル化されたからである。

そこに「潜在価値開発」によって探し出された情報＝③「なにを（表現コンテンツ）」が組み込まれることで、顧客の態度変容・行動変容は劇的なものになる。ということは、やはり最大のレバーはデジタルマーケティングプロセスそのものではなく、いかに自分たちの潜在価値を開発して伝えるかという点に尽きる。

私たちも自分たちのことが100％うまく伝えられているかと自問すると、まだまだと思う。かならずクエスチョンはつく。だが、それがある意味で正しい姿なのである。なぜなら**「自分たちは自分たちのことを分かっていない」「まだまだ自分たちのことをうまく伝えられていない」という事実を「分かっている」ことが重要**だからだ。

ここを「自分のことは分かっている」「自分たちの伝えるべき価値もすでに充分ある」と思い込んで一方的なマーケティングコミュニケーションを最新のデジタルマーケティング環境で行っても、消費者、ユーザーとのズレは永遠に解消されない。

同じことを伝えるのであっても、顧客を深く知るコミュニケーションとリサーチによって、伝え方を変えたり、顧客の潜在問題を開発したりすることで、それまでまったく顧客にインパクトを与えなかったものが激変する可能性を秘めている。そこが「潜在価値開発」の魅力であり同時に奥深く、形式的な従来の戦略フレームとは異なるものなのである。

第6章

# 「潜在価値マーケティング」が企業に革命を起こした！「潜在価値開発」実践事例

「潜在価値開発」活用事例については、5章までの中で一部触れたものもあるが、本章ではより具体的な内容をご紹介したい。非常にリアルな事例だけに「潜在価値開発」の内容理解に役立つものだ。

事例としては、以下の5つを挙げているが、それぞれタイプの異なったものを紹介している。ここに取り上げた業種業態、商品やサービスの形態にないものであっても「潜在価値開発」は、自分のことほど分からないという人間の本性に基づいたものであるので、業種業態を問わずさまざまな課題に対応できる根本理論である。

| | |
|---|---|
| ①情報開発（機能性商品型） | ヤクルト400 |
| ②イメージストック開発（し好的商品） | ヤクルト・ジョア |
| ③戦略立案から実行まで一気通貫で支援 | 中国銀行カードローン |
| ④社風を表現化する（コーポレートブランディング） | アルテリア・ネットワークス |
| ⑤真のヘビーユーザーづくりを目指す | カゴメ「野菜一日これ一本」 |

## 「潜在価値開発」実践事例　1（情報開発）ヤクルト本社「ヤクルト４００」

３章で少し述べたが、10年ほど前に最初に「潜在価値開発」をした事例が、ヤクルト本社の基幹商品である「ヤクルト４００」である。

「潜在価値開発」の着想を得て、その発想に基づいて社員インタビュー・ユーザーリサーチ・ノンユーザーリサーチという「潜在価値開発」の基本ステップを踏み、情報開発を行ったのである。そこからヘビーユーザーの意識階層の４階層に応じた11の表現仮説をつくり、それをリサーチによって５つの仮説に絞り込んだのであった。

**《優位性仮説》**

第1階層　問題の認識の顕在化

第2階層　カテゴリーの優位性

①健康のカギは「腸」にある

②腸の健康を守る乳酸菌のチカラ

③乳酸菌飲料は乳酸菌食品のスペシャリスト

④乳酸菌でカラダをキレイに

⑤乳酸菌はたくさん摂るほど良いのです

第3階層　コーポレートの優位性

⑥ヤクルトの乳酸菌はプロバイオティクスです

⑦世界27の国と地域の人々に飲まれています

⑧創業者の思い。「予防医学」「健康長寿」

⑨ヤクルトの乳酸菌は医療現場でも活躍しています

第4階層　プロダクトの優位性

⑩トクホは、厳しい審査を受けて、国が認めた健康機能

⑪一つの乳酸菌に、1000の論文

仮説はキャッチコピーではない。仮説は内容を過不足なく説明したステートメント（文

【図7】顧客の態度変容を起こさせる情報

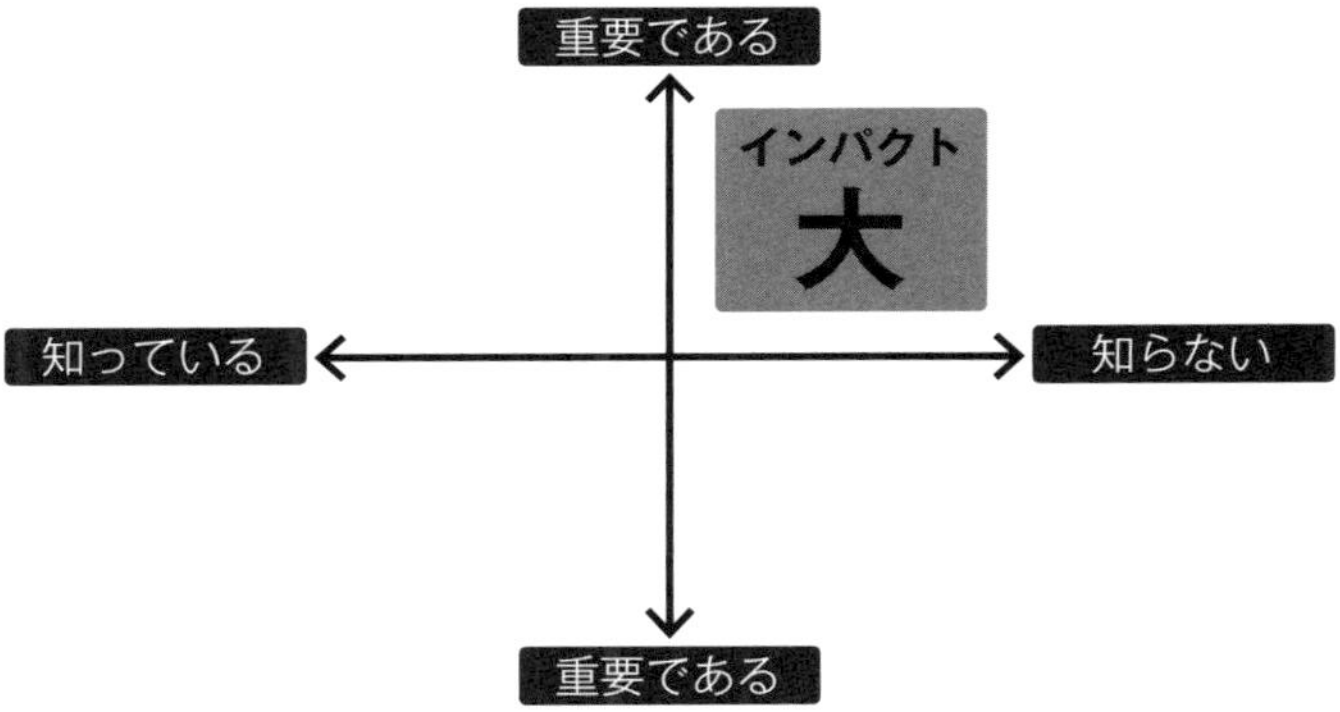


章）であるというのが基本だ。これをノンユーザーリサーチに掛け、以下の認知度×重要度のコミュニケーションインパクト・マトリックスを用いて効果の検証をした。

そこから「顧客が知らなくて知ったら重要と思う」ギャップが大きくインパクトの強いステートメントは、次の5つに絞り込まれた。

**《検証を経たステートメント》**

①健康のカギは「腸」にある
②腸の健康を守る乳酸菌のチカラ
③乳酸菌飲料は乳酸菌食品のスペシャリスト
⑥ヤクルトの乳酸菌はプロバイオティクスです
⑨ヤクルトの乳酸菌は医療現場でも活躍しています

これらは確実に顧客の態度変容を起こし、ヘビーユーザーをつくり出せる構造化されたステートメントである。ステートメントの表題だけではイメージしづらいと思うので個々のステートメントの例を一つだけ挙げてみたい。

「①健康のカギは「腸」にある」のステートメント例

**健康のカギは「腸」にある**

腸の重要性を知っていますか?
腸は、私たちの「生命を維持するために最も大切な器官」なのです。

原始生命は腸のみでできていました。
生存に必要な栄養を外部から取り入れ、吸収して、その残りを排出する。もっとも単純な生物です。つまり、腸は最初にできた器官であり、生命の源であるといえます。

また、人間の腸には全身の免疫細胞の60％が集中しており、それらが体の中に入ってくるウイルスや病原菌を防ぐ働きをしています。

この二つの事実が、腸をいかに重要な器官であるかを証明しています。

栄養を吸収し、免疫機能を担う腸。健康のカギは「腸」にあるのです。


確実に顧客の態度変容を起こすことができるステートメントが完成した1年後の2007年、私は異動で支店勤務となり、支店のヤクルトレディの営業責任者になるとともに、その支店管内の子会社の取締役も兼任することになった。

そこで「潜在価値開発」によって開発されたステートメントを子会社の販売現場で活用してみようと考えたのである。


このステートメントはヘビーユーザーづくりを可能にするものでもあり、既存ユーザーのヘビー化を試みることにした。そこで以下のような仕組みでテストを行った。

①ヤクルトレディに顧客への声掛けを行ってもらい、5〜6名の顧客を「お客様の集い」という形でヤクルトの営業所に集める
②集めた顧客に「潜在価値開発」で開発した5枚のステートメントを見せて評価をしてもらい、意見を聞くという形で情報をインプットする
③その後の購入状況を顧客情報システムで追跡する

**《結果》**

この施策を実施するたびに、顧客からは「ヤクルトさんってすごい」「今までこんなにすごいとは知らなかった」と毎回、感動の嵐だった。大げさに思われるかもしれないが、それほど顧客のインパクトは大きかった。逆に言うとヤクルトレディというリアルな一対一の強力なコミュニケーションでもほとんど情報は伝わっていなかったのである。ヤクルトレディ・マネージャーも衝撃をうけていた。そして、1年後の追跡結果はこうなった。

顧客継続率（年間）　95％（通常の顧客継続率75％）
顧客販売単価　10％アップ

このように顧客のヘビーユーザー化に成功したのである。

## 《その後》

この施策は、私が担当した子会社では継続実施され成果を上げることができたが、やはりこのようにリアルな場面で継続実施していくのは、現場のマネージャーやヤクルトレディにとっては手間と時間がかかるハードなものであった。

ヤクルトレディは訪問活動を毎日実施しており、時間的に余裕がない。従って実施した場合の効果は高いとはいえ、このような活動を継続的に実施していくのは簡単ではないのである。従ってこの施策を全国展開することはしなかった。

しかしその後、私は本社に戻り２０１０年に広告部長となり、このコミュニケーションステートメントや「潜在価値開発」の考え方でさまざまな施策で効果を上げることができたのは本書でお伝えしてきた通りである。

このようなマーケティングコミュニケーションは日常活動に余裕がある企業なら可能だ。私は、自分の会社を創業した後、そのような企業に出会い、そこでの実践でも大きな成果を上げることができたのである。

とはいえ、このような結果からリアルで強力な販売組織を持つ企業でなければ実施は難しいのではないかという懸念もあったが、デジタルマーケティングの進化がそれを払拭することになる。

２０１７年から「潜在価値開発」のデジタルマーケティングへの落とし込みを行ったところ、リアルで実施した場合と同様の結果を出すことができたのである。現在はそれを「潜在価値マーケティングプラットフォーム」として展開している。

## 「潜在価値開発」実践事例　２（イメージストック開発）ヤクルト本社「ヤクルト・ジョア」

ヤクルトの「潜在価値開発」を活用したヤクルト４００のヘビーユーザーづくりを支店で実施したのち、私は東京の本社に異動になり、広告部長となった。２０１１年に実施したのが「ヤクルト・ジョア」の「潜在価値開発」である。

「潜在価値開発」は主として情報を扱う「機能型商品」に適応されることが多いが、イメージを扱う「嗜好的商品」に適応することも可能である。

## 1．ジョアの状況　停滞していたブランド

ジョアは2011年時点、過去10年間で大きな落ち込みはなかったが、停滞という状況が続いていた。

そこで商品のリニューアル（大きなリニューアルではなくマイナーチェンジ）を行うとともに、それをきっかけとしたプロモーションを展開し、ブランドの再構築を図ることが企画されていた。

## 2．実施の考え方

通常、プロモーションに用いる広告制作の準備期間は6カ月程度であるが、ジョアの場

合は1年間かけた。その理由は潜在価値開発のためのリサーチを徹底するためである。潜在価値である顧客のイメージストックの抽出を目的にリサーチを徹底した。

ジョアは1970年発売の日本初のドリンクヨーグルトであり、ロングセラーブランドである。従って、ロングセラーブランドとして顧客の中にイメージストックが築かれている。これを徹底して抽出し活用するという戦略を立てた。

《カテゴリー分析》

カテゴリー分析とは、そのブランドがどのカテゴリーに分類されているかを見るもので、方法的には実際の商品を、消費者に

【図19】ヨーグルトカテゴリー分析

自分の何らかの基準で分けてもらうというものである。
その結果、ジョアはヨーグルトの中のサブカテゴリーとして、機能型とベーシック型と嗜好型の３つのカテゴリーの中の嗜好型に分類された。

**《ジョアのポジショニング》**

ジョアは高品質ではあるが、いつしか古くさいイメージとなってしまっていた。「懐かしい」とまで言われるレベルになっていたのである。
このポジショニング分析の方法はガウス生活心理研究所の油谷遵氏（故人）が開発した「ＮＯＨＬ」図を使っている。これはブランドの売れる条件を先進性（何らかの新しさ古さ）・高品質性（レベルの高さ低さ）の４軸で分析するものである。

**《イメージストック分析》　潜在価値開発**

イメージストック分析とは、顧客がそのブランドに持っている蓄積されたイメージを抽出することである。これはイメージ的な潜在価値である。

【図20】ブランドイメージ評価

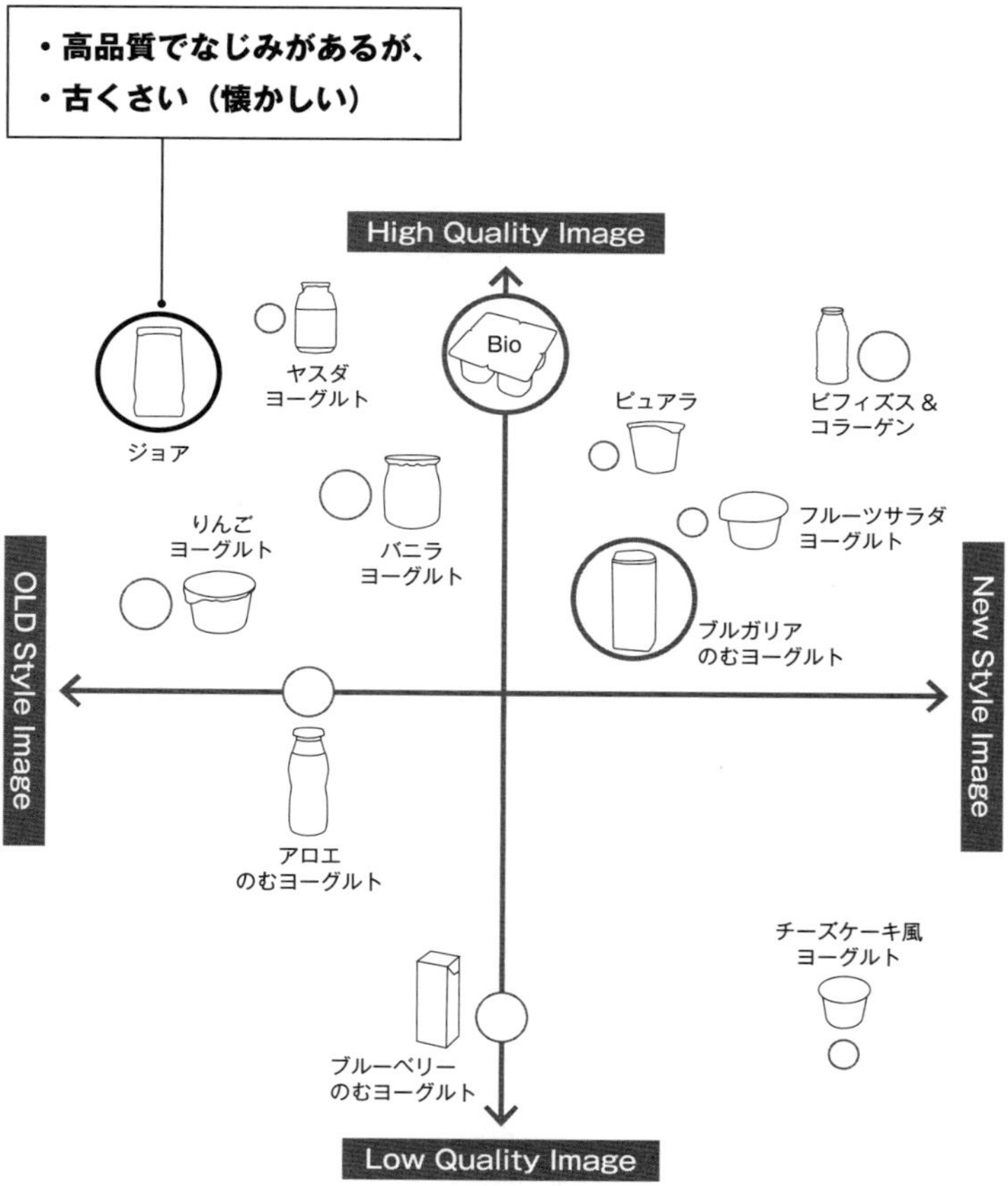


横軸：新規性・先進性イメージ
縦軸：高品質・高レベルイメージ
円の大きさ：関係性・親近性
※Involvement level

〈分析項目〉

トータルイメージ

ターゲットイメージ

オケージョンイメージ

ベネフィットイメージ

競合イメージ

デザインイメージ

味覚イメージ

キャラクターイメージ

感情イメージ

カラーイメージ

表現イメージ

タレントイメージ

- ジョアから思い出すものはなにか
- 誰が飲むものか
- どんな気分の時に飲むか
- どんな気分になりたくて飲むか
- ジョアに求めるベネフィットは
- ジョアがなかったら代わりに飲むものは
- ジョアの容器のイメージは
- ジョアのデザインイメージは
- ジョアの味のイメージは
- ジョアを性格で表すとどうなるか
- ジョアを喜怒哀楽の気分で表すと
- ジョアを色で表すと
- ジョアを形容詞で表すと
- ジョアのイメージに合うタレントイメージは

このように詳細かつ多面的にジョアのイメージストックを抽出した。

〈分析結果〉

- ジョアはジョア（他にはない独自のブランド）
- 他にはない独特の味
- ほっとする味
- 思い出すのはジョアの歌
- 容器が独特で他にはない形
- 優しい明るいイメージ
- 若い女性
- 気分の切り替え

〈課題〉

- 最近、ユーザーとジョアとの間に距離感ができているというのが共通した課題として浮かび上がった。

・足りないのは現代的なフレッシュ感であった。

### 3．コミュニケーション戦略

《目的》

ジョアのロングセラーブランドとしてのイメージストックを活用し、課題である距離感を縮め、現代的なフレッシュ感を持たせ、ブランドイメージの向上を図る。

《ターゲット設定》

ロングセラーブランドで過去から現在までたくさんのユーザーを持っているので、関係性をつくり直し、思い出してもらい、再購入してもらう。

メインターゲット　　過去ユーザー
　　　　　　　　　　低頻度ユーザー

【図21】ジョアのターゲット戦略

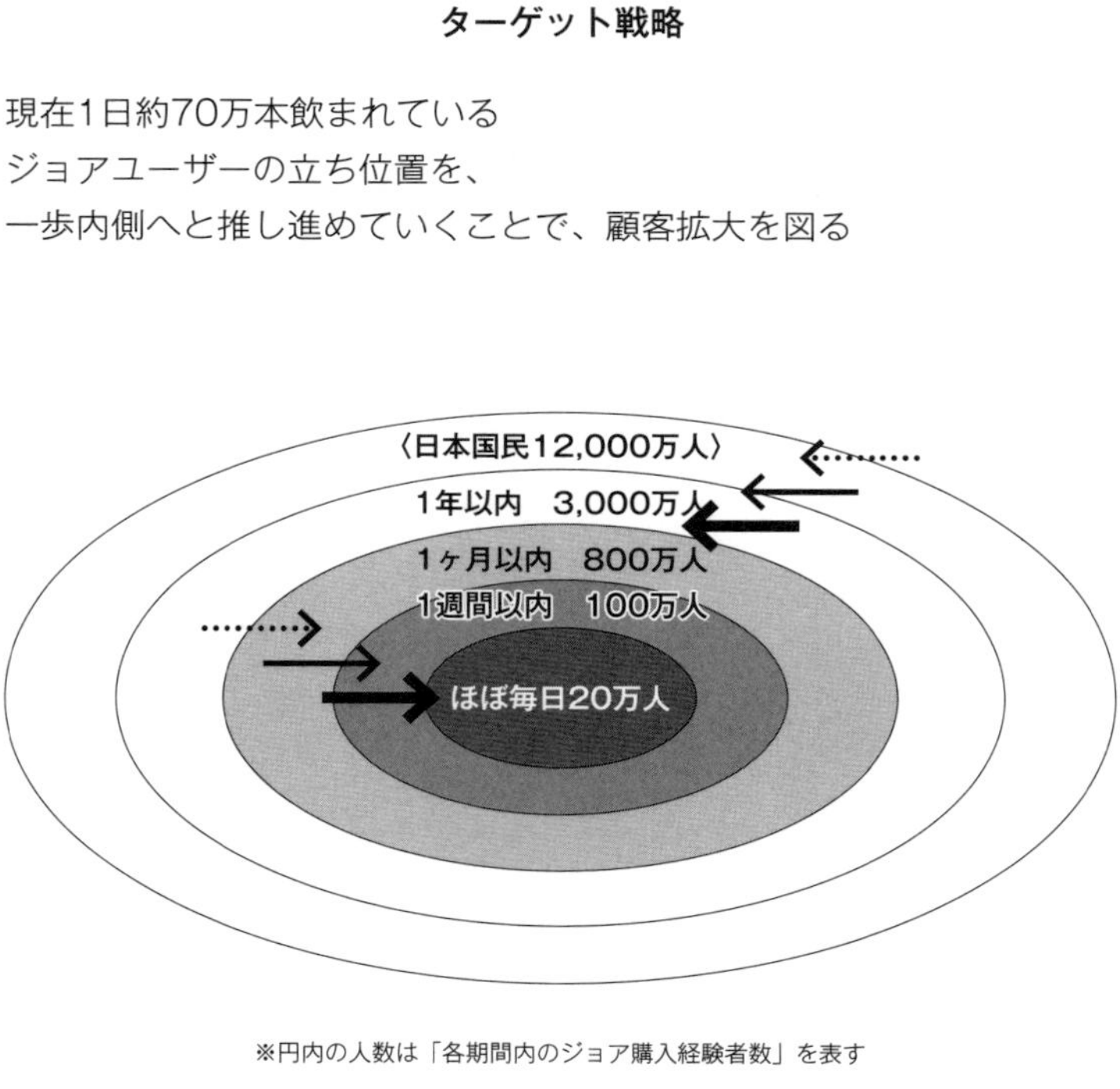

※円内の人数は「各期間内のジョア購入経験者数」を表す

《表現内容》

イメージストック分析で抽出したイメージストックを活用しつつ、不足しているイメージを付加する。

◎イメージストックの活用　　ジョアの世界
↓優しい　明るい　ホッとする　若い女性　ジョアの歌　ジョアの容器形状
◎イメージを付加する　　フレッシュ感　現代感
↓フレッシュ感・現代感をもつ「剛力彩芽」をイメージキャラクターとする

《媒体》

店頭での試飲宣伝　・顧客との関係性の回復を目的に、味を思い出してもらうための店頭での試飲宣伝販売を徹底実施
TVCMの実施　・ジョアのイメージに合致し、フレッシュな現代感を付加できる剛力彩芽を起用

・ジョアのイメージストック活用（ジョアの世界・ジョアの歌・ジョアの容器）

《結果》

・ブランドイメージの向上　特に美味しさイメージの向上　17・8％ ⇩ 25・3％

野村総研のブランド調査で美味しさイメージが大幅に向上した。野村総研の担当からは「ロングセラーブランドのイメージはどんなことをやってもほとんど動かない。こんなにイメージが変化したのを初めてみた」というコメントをいただいた。

また、そのほかにも以下のような結果も生むことができた。

・CM評価　CMエクスプレス　2012年6月上期CM好感度総合5位（2744ブランド）

新作CM1位　飲料部門1位

・店頭売上　前年比１７７％

## 《その後》

ジョアのＣＭは２０１２年に開始し、２０１８年現在まで７年間継続している。ジョアＣＭの成功と同様に、この方法はタフマンにも適応し、これもＣＭエクスプレスのＣＭ好感度調査で飲料部門５位という高い評価を得た。

ジョアの場合、「潜在価値開発」が乗り越えようとしているマスマーケティング的手法を使っていることに疑問を感じる読者もいるかもしれない。しかしジョアは発売40年を超える超ロングセラーブランドであり、イメージストックが多いのである。

このようなブランドは世の中にあまりない。そのため通常の潜在価値開発の情報開発ではなく、イメージストック分析というやり方を行っている。しかし潜在価値を開発するという意味では共通であり、その対象が情報かイメージかという違いである。

そしてヤクルトのような機能的価値の商品ではなく、味の美味しさやバリエーションを楽しむという嗜好的価値の商品であることなどから、情報的価値で訴求する商品ではないと判断し、イメージを伝えやすいマスマーケティング的手法を使ったのである。

ただし戦略のベースとなるものは、徹底したブランドのイメージストック分析による「潜在価値開発」である。自社で十分な準備期間をかけてイメージストック分析リサーチを実施し、広告戦略企画も自社で行っている。その上で制作だけを広告代理店に任せたものだ。

核になる部分は決して広告代理店任せにはしていない。通常の広告制作とはやり方がまったく違うのである。そのため私たちは広告制作前の段階で広告とプロモーションの成功を確信していたのである。

## 「潜在価値開発」実践事例　3
## （戦略立案から実行まで一気通貫で支援）
## 中国銀行カードローン

《背景》

中国銀行は、岡山県内のトップ地銀。地域で利用率、ブランド認知率ともにナンバーワンを誇るものの、残念ながら２０１４年当時は、カードローンという商品に限ってはその認知は十分に行き届いてなく、利用率も決して高くない状況にあった。

**《課題》**
私たちに与えられた課題は、「必要とされる方がご利用できるように、カードローンの存在と利用方法を知っていただくこと」

## 顧客の「真の声」を聴くところからのスタート

２章「ビジネスにおいて陥りがちな罠」のところでも述べたが、企業は「前提を跳ばす」ことをしがちである。

カードローンの事例で言えば、一般的な企業の感覚では「顧客はカードローンという商品のことを分かっている」という前提に立ってしまい、本当に顧客がカードローンのことを理解できているのかどうかリサーチして確認することを跳ばすのである。

多くの企業は、往々にして顧客の声を聞くことを躊躇する。怖がって聞かない、もしくはアンケート程度のリサーチで聞いたつもりになっている。私たちがお手伝いしている企業も最初はそうした反応をすることがある。そうでなくとも中国銀行は「石橋を叩いても渡らない」と言われるほど安全重視で、いわば保守的な企業イメージを持たれている銀行である。

しかし、中国銀行は「お客様の本当の声を、直接聴いてみよう」と、過去に例のない決断をした。ここが最初のターニングポイントとなったのである。

- カードローンという商品自体に他銀行と差はないというが、それは本当か？
- 既存のパンフレットは、読む人がすでにカードローンを知っている前提でつくられていないか？
- そもそもカードローンとは何か？　利用者のメリットはどこにあるのか？
- 中国銀行のカードローンを選んだお客様は、なぜそれを選んだのか？
- なぜ中国銀行は地域のトップを維持できているのか？　本当の理由は？

## 《マーケティング戦略の構築》

すべての前提や思い込みを一旦白紙にして、カードローン事業に関わるキーマン7名の行員インタビューから仮説を構築。その上で、中国銀行の口座利用者、カードローン利用者、カードローン未利用者、さらに他行のカードローン利用者、合計50名以上をデプスインタビューし、仮説の検証と修正を行った。すると誰もが想像もしなかった新鮮な事実が次々と浮かび上がってきた。

以前はカードローンの訴求ターゲットを他社のカードローンユーザーとしていたが、実際にリサーチをしてみると顧客対象としていた岡山県民の中で中国銀行の口座所有者は90%。つまり実は訴求すべきターゲットは自社顧客だったのである。

また、長い歴史をもつ中国銀行の信頼は自行が思っている以上に絶大なことも分かった。企業の給与振り込み口座はまず中国銀行であるし、子どもがお年玉を貯金するとか、アルバイトのお金の入金口座が必要な時は、親が中国銀行の口座をつくってあげるということが代々行われているのである。

全県に張り巡らされた支店網も、都銀をはじめとする他銀行とは比較にならないほど多く、またそれが顧客とのコミュニケーションの核となっていることも分かった。

さらにマイナスに捉えていたＡＴＭの混雑は、むしろ「繁盛している店は安心」という顧客の心理からむしろ高評価であった。人がいない銀行のほうがつぶれるのではないかと心配になるということだったのである。

このような今まで自行では気づいていなかった強力な優位性を再発見したのだ。

特に「誰に語りかけるか」の「誰」は、当初銀行が描いていた仮説を１８０度転換させるものだった。まさに、死角、思い込みの罠にはまるところだったのである。「潜在価値開発」を行わなければ見当違いのターゲットを相手にした戦略を実施することになっていたかもしれないのである。

こうして「誰に」「なにを」伝えればよいのか、そのマーケティング戦略を明確にした後、次に、日々カードローンの問合せに対して受け応えしている電話オペレーター延べ12名の「表現仮説」に対する意見を求めた。細かい商品情報を「どのように」「どんな順番で」お伝えすればお客さまが理解しやすいか、具体的なクリエイティブの検証もこの段階で進めた。

## 《コミュニケーション戦略の構築》

お金の借り方を知らない人に、正しいお金の借り方を伝える方法が、パンフレットとCMだけでよいのか？　その間を埋める方法を考えることが必要ではないか？

・知っていただく（CMやポスターなど）
⇩
・興味を持っていただく（われわれが新媒体を開発）
⇩
・理解していただく（パンフレットなど）
⇩
・お問い合わせいただく（全ての媒体を通じて導線を設定）

広告の受け手の「情報に対する理解の差や受け取り方の違い」に応じて、届けるメッセージは異なり、媒体の使い方も違ってくる。それぞれの段階でどのようなメッセージを、どのような媒体を通じて伝えていくのか。広告代理店が提案するCM中心のメディアプランとは全く異なる、緻密なコミュニケーションの全体設計図を私たちは作成した。

## 【図22】「中国銀行」コミュニケーション戦略の骨子

■伝えるべきメッセージを、目的と媒体特性に合わせ俯瞰的に展開する。

| 目的 | 存在認知 ➡ | 興味関心 ➡ | 理解の促進 ➡ | 申込み誘導 ＋ | イメージ強化・改善 |
|---|---|---|---|---|---|
| 核となるメッセージ | ・銀行で、日々の暮らしの生活資金を借りられるのを、ご存知ですか?<br>・困った時に、〝銀行のカードローン〟という方法があります。<br>・**ちゅうぎんのカードローンをご存知ですか?** | ・ちゅうぎんなら、お金を借りるにも安心です。<br>・カードローンって、何?<br>・**（キャラクター設定）** | ⇩借り方、返し方、お申込み方法……「中国銀行カードローン、7つのポイント」<br>⇩どうしたらいいの?<br>⇩**分かりやすい「パンフ」「カードローンQ&A」あります** | ・まずは、**ちゅうぎんの窓口にお越しください。**<br>・ご相談は、ちゅうぎんの窓口か、お電話0120-608-997。お気軽に!<br>・ちゅうぎんには、ご安心、ご納得していただくための「窓口」があります。<br>・土曜日、日曜日でもご相談を承れます。 | ・**ちゅうぎんなら、安心です。**<br>・お困りの時に、ちゅうぎんはあなたを身近で応援します（支えます）。<br>・あなたの「お困り」を地元の銀行にお聞かせください。<br>（ちゅうぎんにはそのための窓口があります。） |

**メッセージの伝達手段**

| 媒体 | 施策 | 存在認知 | 興味関心 | 理解の促進 | 申込み誘導 | イメージ強化・改善 |
|---|---|---|---|---|---|---|
| HP | | ○ | ○ | ○ | ○ | ○ |
| CM | レギュラー枠活用強化 | ◎ | ◎ | | | △ |
| 新聞 | | ◎ | ○ | | | △ |
| DM | | ◎ | ○ | | | △ |
| サブツール簡易版 | 最重点施策 | ○ | ◎ | ○ | | △ |
| サブツール小冊子 | | ○ | ◎ | ◎ | ◎ | ◎ |
| リーフレット | 改定 | ○ | ○ | ◎ | ◎ | ○ |
| ポスターPOP | | ○ | | | | △ |

## ＣＭ制作まで一貫して行った

コミュニケーション戦略案を作成し、小冊子だけは新提案でもあり前例がないので私たちがつくりましょうというお話をしたところ、根本が分かっている御社にすべてつくってほしいと中国銀行から強い要望があった。

そこで私の会社が、カードローンの借り方を解説するマンガ形式の小冊子からＴＶＣＭまですべてのツールをつくることになった。私のビジネスパートナーは広告代理店の出身で制作会社の社長をしていたキャリアがあるので、ＴＶＣＭから資材まで制作できる人的ネットワークを持っており、それも可能であった。つまり戦略立案から実行までを一気通貫で支援することとなったのである。

### 《結果》

- 広告代理店を通さずわれわれの直接制作による広告制作コストの大幅な削減（透明化）
- ＣＭタレントもわれわれで選定・契約したことによるコストの大幅削減
- その後、ＣＭは３年連続でシリーズ化して展開・ＣＭを見たお客様からの問合せ急増

【図23】「中国銀行」潜在価値開発の全体スケジュールイメージ

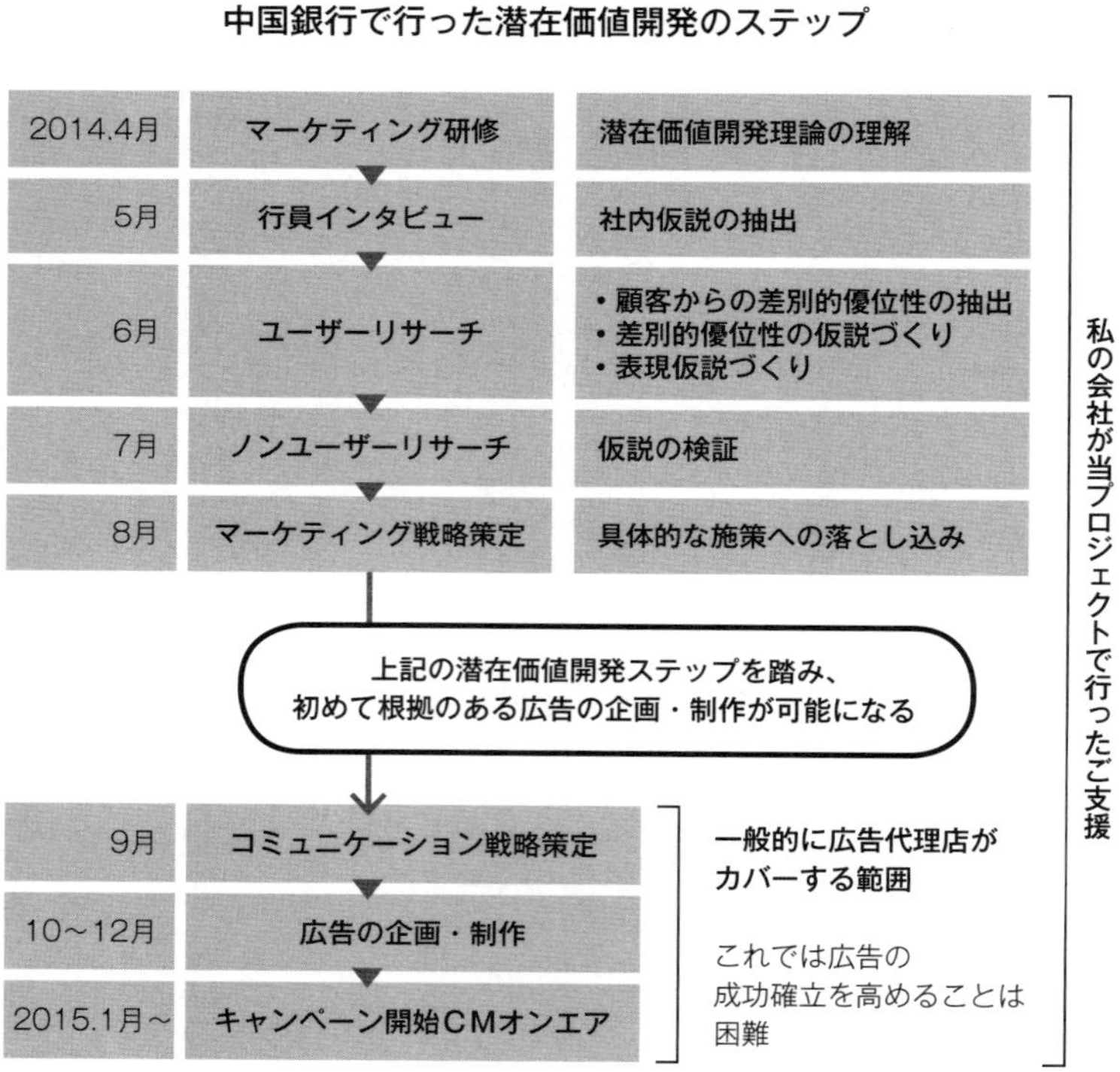

・100店を超す支店長からプロモーション施策の支持獲得
・顧客の反応が変わったことで全行的な求心力が向上し、その上でカードローンの申し込み数増につなげることができた。また当初カードローンという商品の顔にしか過ぎなかった女性タレントは、CMを含めシリーズ化して起用され、現在は中国銀行全体のコミュニケーションの顔になっている。

## 顧客に真摯に向き合い、顧客の問題を解決する

くり返すが、重要なのは「誰に」「なにを」伝えるかであり、それを明らかにするのが「潜在価値開発」の手法なのである。結果的に制作したCMは大きな反響を得ることができ、申込者増の要因となった。

しかしキャンペーン成功の本当の理由は、単にCMが人気を博したからではない。すべては、中国銀行が顧客に真摯に向き合おうとしたところから始まったのである。

顧客の声を聴くことで、

①そこで改めてなぜ自身（中国銀行）が選ばれたか、選ばれていないかに気づいた。

②同時に顧客の中に潜んでいた「無意識の問題」を理解することができた。

③そして、課題と解決方法が明確になったことによって、中国銀行のプロジェクトチームが、自分たちが行うことに確信を持つことができた。

確信が持てたということは、プロジェクトチームのメンバーが説得力を持って行内にコミュニケーションすることができたということである。だからこそ、全行員が自信をもってお客様に商品を説明することができた。また、多くのお客様がＣＭに対する好感を行員に伝え、そうしたプラスの反響が銀行のトップにまで届いた。結果的に、プロジェクトをみんなで推進させよう、成功させようとする一体感が醸成されたのだ。

カードローンという商品を通して行った「潜在価値開発」によって自分たちが潜在的に持っていた「企業価値」を再発見し、それが「顧客価値」とも重なったことでまさに大きな力が生まれたのである。

# 「潜在価値開発」実践事例　4
# （社風を表現化する）アルテリア・ネットワークス

《背景》

アルテリア・ネットワークスは2017年時点、日本国内で全長8200kmに及ぶ通信回線網を自社で保有する、日本有数の情報通信プラットフォーム。

インターネット黎明期の1997年に設立された同社だが、近年、積極的なM&Aなどによって新たに合併した企業も増え、アルテリアとしての企業の一体感の醸成、効果的なコーポレートブランディングが求められていた。

《課題》

私たちに与えられた課題は「コーポレートブランディングとコミュニケーション戦略立案支援」であった。

## この先の「道筋」となる戦略が必要

これも企業が陥りがちな罠の一つだが、広告、コーポレートメッセージ、イメージキャラクターなどを「それらしくつくってしまう」ことがよくある。例えば、一般にイメージしづらい産業分野の企業が「動物をモチーフにしたユニークなキャラクター」を使ってコミュニケーションするというのもそうだ。

もちろん決して、そうしたキャラクターの存在を否定するのではない。ただ、自分たちが本当に自社の潜在価値を認識し、それが共有できるよう「誰に」「なにを」伝えるかのコミュニケーションまで戦略的な裏付けもされず「愛らしいから」「目立つから」という理由で使われているものも少なくない。

アルテリア・ネットワークスの場合も「アルテリさん」という超人的キャラクターを用

いた交通広告を年間少なくない予算を使って行っていたが、コーポレートブランディングやコミュニケーション戦略上の課題に照らし合わせたときには「本当にこれをこのまま使い続けていいのか」という疑問も出ていたのである。

つまりユニークなキャラクター広告で「話題」は提供できたとしても、それが自社のこれからの成長に必要なマーケティング戦略として正しいのかどうかの検証がされていなかったのだ。

そこでまずは広告代理店数社に「コーポレートブランディングを含めた今後のマーケティング戦略」の提案を求めることになったのである。

実は、コーポレートブランディングを含めたマーケティング戦略の「型」は、それほど違いはない。実際、どの広告代理店も「きちんとした経営理念やタグラインをつくり社内外に浸透させていく」という点では、やるべきことの提案もプロセスもほぼ共通していた。その中で私の提案する「社員にインタビューを行い、みんなで自社の強みやメッセージを見つけていく」という「潜在価値開発」の考え方・手法が他社とは異なることから、そこにアルテリア・ネットワークスも着目したのだった。

## 《マーケティング戦略の構築》

競合企業を合併しアルテリア・ネットワークスとしての発足から3年。全社としての知名度を上げていくことはもちろん、アルテリアとしての社員の一体感を生み出すことが戦略の柱である。

そのためには、社員自身が自分たちの会社をどう思っているのか、どうありたいと考えているのかを抜きには始まらない。外部から「これをコーポレートスローガンにしましょう」「この戦略で行きましょう」と言われても、社員が感じている自分たちの価値に合致してピンとくるものでなければ血肉にならないのだ。

特に合併した会社から新たにアルテリアの一員となった社員は、自分がある意味生まれ育った元の会社の社風や価値観、仕事のやり方も捨てきれない。アルテリアとしての〝幹〟となるものがないとモチベーションが低下し、会社がバラバラになりかねない危機感もあった。

だからこそ、自社の潜在価値を探り出すために、対象者を選定し社員インタビューを実施する「潜在価値開発」の手法は有効だったのである。

実際にインタビューを実施してみると、まず人選からスケジュール確保までのスピード感には驚くべきものがあった。さらに、インタビュー協力者がみんなそれぞれ積極的だったのである。頼まれたから仕方なくという姿勢の人は皆無で、指示されたわけでもないのに作成された他の対象者の発言録サマリーもしっかり読み込んでいたのだ。

要は「そういう会社である」というところが大事な鍵なのである。その感覚は他が簡単に真似できるものではなく、まさにアルテリア・ネットワークスという企業の潜在的かつ唯一性につながる価値である。

そこからコーポレートブランディングとコミュニケーション戦略の幹となるキーワードとして「しなやか」というものが発見できたのだ。

## 《コーポレートコミュニケーション戦略の構築》

複数の会社が吸収合併されたことに起因するだけでなく、社内でも自分の業務によって「自分たちは何屋なのか」の意識が異なっていた。専用線などの回線を担当する人は「通信屋」「土管屋」と表現したり、アプリケーションや機器を扱う人は「エンジニアの会社」

という意識が高かったりする。

だが、そうした中でも指向性には共通するものがあり、それが「柔軟性」「スピード感」「真面目さ」「ベンチャースピリット」などであった。さらにその源泉を探ると「自社回線というアセットを持った日本でも有数の情報通信事業者」というところに行き着いた。自社回線はまさしくバックボーンとしての企業の強さであり、それがあるからこそIT時代の進化にも対応できる「しなやかさ」にもつながる。また、しなやかさは柔軟でありながら決して折れない強さも秘めている。

こうして社員インタビューから抽出された情報をもとに、コーポレートコミュニケーションの核になるタグライン案をいくつか作成し、全社員にアンケート調査を行った。その結果「靭やか（しなやか）情報通信プラットフォーマー」が50％以上の得票を得て最終案となったのである。

実は、この最終案には当初、経営会議でも「?」が付いた。「しなやか」という表現が情報通信企業らしくないからだ。日立の「Inspire the Next」のような横文字が当然だろうという思い込みが強かったのである。

だが、あえて「違和感」があるものと、自分たちが何者であるかを示す「情報通信プラットフォーマー」の組み合わせだからこそ他にない唯一性を表現できることと、社員が潜在的に感じている共通の価値を表したものが「しなやか」というものであるという意図を共有し、社員が実際に投票でそれを選んだことが決め手になった。

《結果》

社員みんなの中に潜在的にあったものを生かしたコーポレートブランディングとコミュニケーション戦略によって、それまでそれぞれで考えがちだったものが「アルテリアとしてどうなのか」という方向に社員の意識が向くようになった。全体で考える意識が根付いたのである。社内から出る意見やアウトプットも個別最適で止まっていたものが、アルテリアとしての強みをさらに生かすための全体最適を考える機運が高まった。もちろん、それですべてのゴールに達したわけではない。

だが一連のプロジェクトによって社員みんなが自分たちの本質を再認識でき、どうすれば打ち出したものが「みんなのもの」になるかを考え実行できたことが大きな財産だと担当者は評価している。

## 「潜在価値開発」実践事例　5
## （真のヘビーユーザーづくりを目指す）
## カゴメ　野菜一日これ一本

《背景》

カゴメは野菜飲料カテゴリーのトップブランドだが、２０１５年時点シェアの伸びは鈍化していた。競合に対し、機能性表示食品などでの差別化も行っているが「次の打ち手」を模索している状況であった。

《課題》

私たちに与えられた課題は消費者の「カテゴリー的消費」から「カゴメブランド」の価値を再認識した上で、指名買いに態度変容を起こさせ真のヘビーユーザー化を実現すること。

## 真のヘビーユーザー化を目指す

カゴメのブランド担当者が、２０１６年に私の会社が開催していたセミナーに参加し「潜在価値開発」の存在を知り、その後「潜在価値開発」マーケティング講座を受講したことが端緒となった。従来のマーケティングとまったく異なる考え方、手法で野菜飲料の新たな戦略を実施したい。その想いを実現するために「潜在価値開発」の可能性に着目したのである。

まず最初に私たちとカゴメの間で共有したのは「ヘビーユーザー」の概念である。それまでカゴメでは野菜飲料を週1回飲んでいるユーザーは「ヘビーユーザー」と位置付けていた。だが「潜在価値開発」によって生まれる真のヘビーユーザーは「毎日のように飲む」ユーザーである。

実際、野菜飲料カテゴリーのユーザーへのアンケートプロファイルでは7割の人が毎日、野菜飲料を飲んでいるが、その際のブランドは特に意識しておらず、そのとき目についたもの、特売されていたものを購入していた。これを「『カゴメの野菜一日これ一本』がいい」と指名買いしてもらって毎日飲んでもらいたいのである。

この状況は、まさに「行動ヘビー・マインドドライトの法則」に当てはまっていたわけである。販売シェアと消費者、ユーザーのブランドロイヤリティ（顧客のブランドに対する忠誠度）にはギャップが存在していた。そのギャップを解消するために「潜在価値開発」で「カゴメはやっぱりすごい」と再発見してもらえる情報開発を行う必要があったのである。

実は、それまでにもカゴメでは消費者、ユーザーの間口を広げるためのさまざまな施策を行っていた。だが、それによって一時的に販売が増えても、時間が立てば潮が引くように元に戻ってしまう。それでは意味がない。

ヘビーユーザーとして長く愛飲してもらうには、商品を深く理解してもらうことと同時に消費者、ユーザーがカゴメの商品に対して持っている価値をメーカーとしてきちんと理解することも重要になる。

ここでユーザーリサーチを行った結果、カゴメの社内では「もう使い古されて価値がない」と思われていたものが、実は今もユーザーにとっては「それが好きでずっと飲んでいる」理由になっていたことが分かったのである。

## 《マーケティング戦略の構築》

野菜飲料は嗜好品とは違って消費者、ユーザーの間口が狭い。つまり、飲む人と飲まない人がはっきり分かれてしまう。そこでカゴメでは従来、一人でも新しく多くの人に届けたいという想いがあり、手の届かない相手にリーチしようとしていた。

だがユーザーリサーチから浮かび上がったのは、すでにカゴメの野菜飲料を飲んでいる人に「やっぱりカゴメの商品は良いものだった」と再発見してもらって飲み増しをしてもらうほうが圧倒的に増分効果が高いというものだった。

そこで「カゴメの良さ」を探り出すために「潜在価値開発」によって、トマトジュースから始まり85年目を迎える野菜飲料商品の埋もれた価値を社内から徹底して洗い出す作業を行ったのである。

すると、営業、マーケティング、生産などのさまざまな部門から改めて「これは自分たちのすごい部分だと思う」という要素がいくつも出てきた。その中には、もう「何年も前にそれを打ち出すのはやめた」というものも多数あった。

だが、それらを勝手に価値なしと決めつけず、仮説ステートメント化しユーザーに評価してもらうと、「野菜一日これ一本」では「栄養吸収率」や「無添加」といった、社内ではもう訴求しなくなっていた要素にユーザーの高い評価が集まっていたのである。

ユーザーが商品に持っている価値を改めて検証してみると「野菜を効率よく摂取したい」というものがあり、「野菜一日これ一本」の特徴である「栄養吸収率」は非常に評価が高かった。ただ、従来はそれがメーカーからの一方的なコミュニケーションで伝えていたため、あまり反応がなく「効果がない」と判断して伝えるのをやめていたのだ。

逆に言えば、きちんと理解してもらって伝わるような手段があれば、「栄養吸収率」や「無添加」といったメッセージはユーザーに評価され「やっぱりカゴメの商品は良いものだった」と飲み増しにつながるのである。

それだけでなくカゴメは、そもそもの企業姿勢が競合とは異なっていた。創業者が「農業」を行って自ら野菜を育てていたところに出発点がある。そのため、商品にも「野菜の良さを生かす」という姿勢が随所に見られるのである。

競合の中には「栄養強化」を謳って添加物を用いている商品もあるが、カゴメは無添加で野菜本来の栄養素を活かした野菜飲料づくりの技術とノウハウを持っている。

ただ、そうした情報は表面的には商品の機能訴求につながりにくいため、どうしても企業側は「他のことを伝えよう」と切り捨ててしまいがちだ。そうではなく、きちんと理解され伝わるようなコミュニケーションの場と手段を使えば、むしろ競合にはない唯一性としてユーザーの態度変容を起させることができるのだ。

## 《コミュニケーション戦略の構築》

これまで伝えてきたメッセージの効果がなかったのではなく、ユーザーにきちんと理解されるように届けられていなかった。

そのことが「潜在価値開発」で分かったため、一方的ではなくユーザーが能動的にメッセージを受け取れる施策（質問型コミュニケーション）を私から提案し、コミュニケーションを行った。これはカゴメが重要視している「体験価値」による総合コミュニケーションにも通じるものだ。

例えばカゴメのトマトの苗を受け取って自分で育てたユーザーは、一方的に情報を伝えた場合と違って情報の入り込み方が違い、ブランドへの距離や親密感も違ってくる。

## 【図24】カゴメ独自のプラットフォームの構築

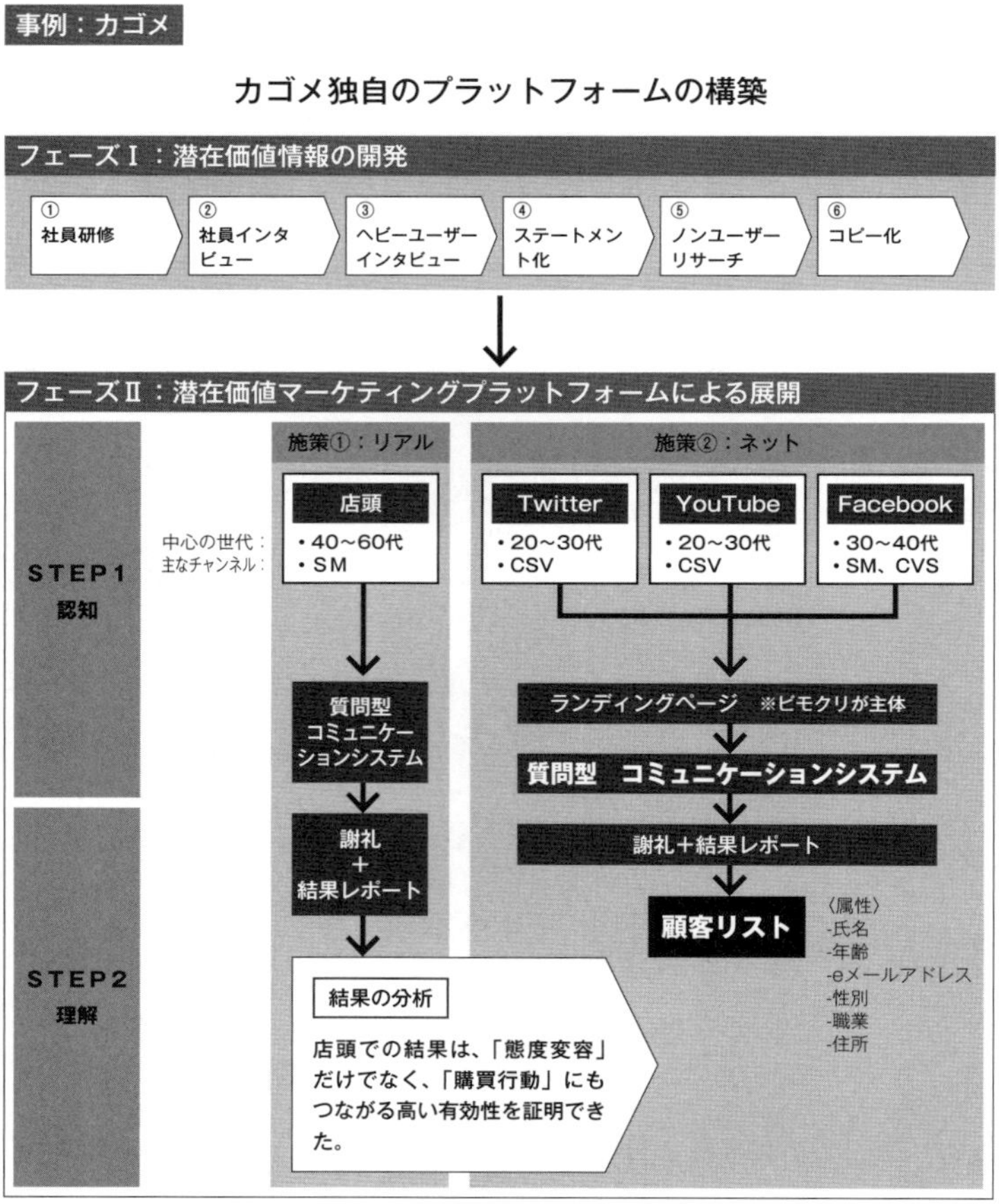

これをリアルだけではなくネットも組み合わせたマーケティングプラットフォーム上でも同じことが行えるようにし、ユーザーが能動的かつ深く情報を理解できるような相互型コミュニケーションを行ったのである。

## 《結果》

能動的なコミュニケーションからカゴメの「潜在価値」を反映したメッセージを受け取ったユーザーの「野菜一日これ一本」に対する継続購入意欲は「非常に高まった 30・5％」「高まった 36・6％」と合わせて67％近くものユーザーに態度変容が起きた。

また追跡調査の結果、その後の購入率も27・5％から35・1％に上昇したのである。

そして特筆すべきは前にも述べたリサーチにおけるフリーアンサーである。

「この商品が企業理念を真の意味で表現した素晴らしい商品であると思いました」

「無添加にこだわるには大変な努力と研究が必要かと思いますが、そのおかげでこれからも安心して飲むことができると思いました」

このようなコメントは企業の根本発想と機能を結び付けて語る、4階層に構造化されたコミュニケーションストーリーを使って顧客とコミュニケーションした時にしか出てこないものである。

## 中心価値を忘れてはならない

カゴメの担当者は「潜在価値開発」プロジェクトを通して、いかに自分たちが思っている価値と顧客が思っている価値にはギャップがあるかを再認識したという。

自分たちが忘れてしまっていたり、思ってもみないところに埋もれているものが、実は顧客が潜在的に高く評価している価値になっているというケースはかならずどの企業にもあると考えたほうがいい。

まさにカゴメはそういう企業だったわけである。農業が出発点という他にはない価値を持って歩んできた企業であり、120年の歴史を持つ企業であるのに市場で戦うステージを競合と同じにする必然性はなかったわけだ。

自分たちの使える強みはすでに言い尽くされたと思い込んでいたため、競合と同じ「機能性」などのステージで戦わなければと考えてしまうと、常に「競争」にさらされる。

そうではなくカゴメにしかない価値を大事にして、それをコミュニケーションの中心に据えることで、実際に顧客をヘビーユーザー化させ、競争から一歩抜け出せるのだということを「潜在価値開発」は教えてくれたのである。

# おわりに

これまで獲得したくても難しかった真のヘビーユーザーをつくれるかどうか。その差を生むのは、実は一般的にいわれる企業のブランド力や商品力、広告宣伝力などではない。

それはなにかといえば、「見えないものを見ようとするかどうか」の違いである。見えないものとは、すなわち本書でお伝えしてきた「潜在価値」のことであり、そうした「見えない価値」があるという視点に立ってマーケティングコミュニケーションを行えるかどうかがビジネスの成功を大きく左右する。


私がこれまでのマーケター人生で出会ってきたさまざまな事例でも、成功しているケースの多くは多分に「潜在価値開発」的な要素を含んでいた。ただ、それが担当者の属人的なアイデアや努力レベルで行われていたため、「潜在価値開発」のように理論的、体系的、戦略的にノウハウが蓄積されておらず、その場限りに終わってしまっていたのである。

潜在価値のような「見えないもの」は、意識して見ようとしない限り見えてこない。それでも、顧客に対してであれば、成功企業は徹底したリサーチを行い、潜在的な声を聞きだそうと取り組んでいる。ただ、それが自社のことになると難しくなる。自分たちが持っている潜在的な価値を徹底してリサーチし、社内から探り出すことができていない企業が多いのだ。

そもそも自分たちに、そうした価値が埋もれているという発想や視点がないのであるから、潜在価値が見えないのも当然だろう。

本書でも述べてきたように「潜在価値」には顧客側の潜在価値と、企業側の潜在価値の2つがある。顧客の潜在価値は、特に商品開発においては日本企業はそれなりにしっかりリサーチできている。問題は、その先だ。顧客とのコミュニケーションにおいて、潜在価値を表現開発にまできちんと論理的に落とし込めて実行している企業は驚くほど少ないのである。

代理店に丸投げせず、自社できちんと表現開発上のリサーチを行っているケースは極めて稀なのではないだろうか。その代わりに何をやっているかというとトレンドや消費者インサイトのような移ろいやすいものをもとにコミュニケーションしていることが多い。

もうお分かりだと思うがトレンドや消費者インサイトをもとにしたコミュニケーション

やセールス、マーケティングでは、トレンドや消費者の意識が変化すれば途端にうまくいかなくなる。短期的なトレンドやライトな消費者の意識構造に左右されない売り方、つまりはロングセラーを支えるヘビーユーザーづくりをしなければ、いつまでもトライアルユーザーづくりをくり返えさなければならないわけだ。

これは継続購入可能な商品やサービスの世界だけではなく、買い切り型の商品やサービスの世界でも同じことが言える。消費者やユーザーは商品やサービスを購入するときに、その企業やブランドとの今後の継続的な付き合い方も決めているわけである。

それにもかかわらず、その商品やサービスを取り巻く市場の見方が、企業側と消費者やユーザーとの間でずれていれば、いくらその後にさまざまな戦略を考え実行しても根本のずれは修正できないことになる。

つまり見えないものを見ようとする「潜在価値開発」の視点を持ち、消費者、ユーザーにとって「ギャップインパクト」のある情報をもとに表現開発を行い、表現開発上のリサーチまで行って、そのずれをなくすことがやはり重要ということだ。

本来、ここがビジネス成功の分かれ目であるのに、なぜか検証されないまま多額の広告宣伝費、プロモーション費が注ぎ込まれている。

商品開発段階までは検証を行うのに、消費者、ユーザーとのコミュニケーションがうまくいくかどうかの検証、ユーザーテストは事前に行われないままデジタルマーケティングのさまざまなメディアやツール活用だけが進んでしまい、成果がついてこない。この現状を一変させるのが「潜在価値開発」をもとにした潜在価値マーケティングである。

「企業は商品に逃げる」――。

私はことあるごとに、そのように言ってきた。ビジネスの本質的、根源的問題はコミュニケーションに存在するのに、企業は商品やサービスで解決しようとしがちだ。だが、それではうまくいかない。結果として、必要とされない商品やサービスを市場に送り出してしまう。

商品開発やサービス開発よりも前段階に真の問題は存在する。つまり、企業自身のコミュニケーションの問題なのである。商品やサービスに比べて、企業自身の持つ価値、魅力といったものは形がない分、捉えにくく扱いにくい。

形のないものをもとにしたコミュニケーションは、どうしていいのか分かりづらい。そこに明確で力強い方向性を与えるのが私たちの使命であり仕事だ。

「潜在価値開発」は、そうした従来、価値が埋もれているのに扱うのが難しかったものを見える化し、誰でもオペレーションできるよう理論化、体系化、プラットフォーム化したものである。

新規顧客獲得、新商品開発、新チャネル開拓などコストや労力のかかることをせずとも、今あるものを活かして利益を創出することは十分可能だ。「潜在価値開発」は、そうした意味でももっともコストパフォーマンスに優れた、これからの時代のマーケティングなのである。

また、あるカテゴリーのトップ企業の方とお話しした折、次のような質問を受けた。

「この商品にはもう打ち手がなく手詰まり感を感じています。どうしたらいいでしょうか」

私は次のように答えた。

「商品レベルのことだけを考えていると行き詰まりますね。問題やカテゴリーのレベルで考えるように戦略の視点を上げたらどうでしょうか。それによって、問題認識を高める需要創造戦略やカテゴリーの重要性を高めるカテゴリーマネジメント戦略のように違う次元のことが見えてきます。

また、マスマーケティングの発想から脱却することが必要です。一対一の対話という考え方です。デジタルマーケティングの進化によって、リアルでなくても一対一の対話ができるようになりました。

さらにいえば、カテゴリー内の競合メーカーと共同で問題の認識を高めることやカテゴリーの優位性を高めることを考えられたらどうでしょうか。つまり共創の戦略です。人口減少時代では放って置くとカテゴリーごと、競合メーカーもろとも沈没するという事態にもなりかねません。

今までとは真逆の考え方が必要になっています」

このように競争戦略やマスマーケティングの発想から脱却し、潜在価値開発の発想に基づき、不毛なレッドオーシャンの消耗戦に巻き込まれることなく、それぞれに企業の唯一性を追求し、独自の発展の道を歩んでもらうことこそが著者の願いである。

最後に関係各位に謝辞を述べたい。

まずは株式会社ビモクリの共同経営者である宗田光功氏。「潜在価値開発®」理論が確立できたのは、氏によるところがもっとも大きい。氏とは2013年に共同でビモクリを立ち上げてから苦楽を共にしてきたわけだが、氏の協力なしには今日はなかった。深く感謝している。

同様にビモクリのシニアコンサルタント長谷川浩之氏にも謝意を述べたい。氏は常にビモクリの「潜在価値開発」における実務の中心的な役割を担ってくれた。その実務の蓄積が理論の厚い裏付けをつくってくれた。

また、個別のお名前は差し控えるが、ビモクリ創業以来ご一緒にお仕事をさせていただいた多くの顧客企業の皆様にも深く御礼申し上げたい。皆様とのお仕事がなかったら、「潜在価値開発」は机上の空論の域を出なかったであろう。

さらに私の前職ヤクルト本社でご一緒に仕事させていただいた先輩・後輩諸氏にも御礼申し上げたい。本書の核となる着想はヤクルト本社でのマーケティング活動における皆様との実践の中から生み出された。その時々の皆様からご指導・ご助言がなければ「潜在価値開発」理論は生まれなかったであろう。

そして、出版にあたりご協力いただいた幻冬舎メディアコンサルティングの皆様にも大変お世話になった。深く感謝申し上げる。

ありがとうございました。

２０１８年８月　平野　淳

## 平野　淳（ひらの　きよし）

株式会社ビモクリ代表取締役社長
1981年にヤクルト本社入社。一貫してマーケティングを担当する。1988年マーケティング部発足時に、当時の先端的な理論であったMIT流のマーケティングサイエンスを徹底的に教わる。その結果、缶コーヒーブランド「珈琲たいむ」の売り上げ倍増やトクホ健康茶「爽健美茶」のトップシェア、「ヤクルト黒酢ドリンク」のトップシェア獲得など、目覚ましい成果をあげた。しかし、その後の実践の過程でマーケティングサイエンスの理論と方法に限界を感じ、ビジネスやマーケティングの本質を追求することによって、独自の「潜在価値開発」理論を生み出す。2010年に広告部長に就任し、潜在価値開発理論を活用して「ジョア」のブランド広告で、CM好感度飲料部門１位を獲得するなど大きな成果をあげた。
2013年株式会社ビモクリ創業。ビモクリとは「ビジネスモデルクリエイターズ」の略称であり、「ビジネスの新しい理論やモデルを創造することによって、ビジネスの世界を革新する」ということを使命としている。独自のビジネス理論「潜在価値開発®」理論を活用したコンサルティングによって、数々の顧客企業を成功に導いている。
千葉テレビ放送情報番組「ビジネスフラッシュ」、JFM系「マーケの達人」への出演など、メディア取材や講演実績多数。宣伝会議の「ブランドコミュニケーション講座」、「ファンイベント講座」の講師も務める。

## 潜在価値マーケティング

2018年8月20日　第1刷発行

著　者　　平野淳
発行人　　久保田貴幸
発行元　　株式会社 幻冬舎メディアコンサルティング
〒151－0051　東京都渋谷区千駄ヶ谷4－9－7
電話03－5411－6440（編集）
発売元　　株式会社 幻冬舎
〒151－0051　東京都渋谷区千駄ヶ谷4－9－7
電話03－5411－6222（営業）
印刷・製本　瞬報社写真印刷株式会社
装　　丁　松山　千尋

検印廃止

ISBN 978-4-344-91832-0　C0034

幻冬舎メディアコンサルティングHP
http://www.gentosha-mc.com/